武田双雲

Souun Takeda

パートナーにイラッとしたとき読む本

みるみる幸せになる男女の法則

宙出版

結婚して5年
僕の妻は不機嫌な
ことが多い
それで…
君の話は
つまらないんだよね
そーですかっ!!
すいません
ねえ～～
バーン
なんだよ～
僕のアドバイスにも
聞く耳を持たない
バタバタ
ウィーン
ガチャ
ガチャ
普段からいつも
こんなかんじ
ねえ
携帯
知らない？
ゴロゴロ
カッ
知らん!!
短気は損気
だよって
ドッカーン
もう
知らないっ
妻激怒
何で怒っているのか
僕には理解できません
なんだよ
毎日ゴミ出しして
やってんのに!!
ゴミおきば

書道教室
うちの夫 ゴミ出しただけなのに デカい顔 するのよね
笑っちゃうでしょ
え!?
ドキッ
もしかして 妻の機嫌が悪いのは 僕のせい…?
あれ…?
デカい顔
…
そんな ある日
武田双雲 イベント
ありがとう ございました
達成感!!
楽しかった!! もっと いっぱいやりたいな♪
はぁ〜っ
ねっ 妻ちゃん
!!
ポロ ポロ ポロ
な… 何で泣くの…?
妻は その時は問いつめても 何も言いませんでしたが
だいぶ時間が経ってから 僕の手伝いが忙しくて 休日も休めていなかったことや
よろしく おねがいします
フラ フラ
会社で居眠りするくらい 疲れていたことを 伝えてくれました
こっくり こっくり

妻がそんなに我慢していたなんて…僕は心のどこかで「手伝ってもらって当然」と思っていたのかも…
ウウ…
すごくショックでした
猛反省
変わりたい!! でもどうしたらいい夫になれるんだろう…
女性の生徒さんに相談してみると…
別に妻は家事を全面的に手伝ってほしいわけじゃないんです
バタバタしている時にその気持ちをくんでひとつでも手助けしてくれれば充分なの
それから奥さんの話は中身が問題なのではなくてただ話を聞いて共感してほしいだけなんだと思います
なるほどで
その日から僕は変わりはじめました
僕にやれることはある?
白双雲登場
妻との関係も今ではみちがえるように
もっていくね
ありがとう
こうして築きあげていったパートナーシップがよくなるノウハウをこれからご紹介いたします

はじめに

パートナーとの仲が良いことは、人生において、どれだけの恵みをもたらすのでしょう。

生きていれば良いことも、悪いこともあります。長い人生のうちには、嵐の日が続く時期だってあるでしょう。

人間は、さほど強い生き物ではありません。だからこそ、互いに助け合え、高め合えるパートナーの存在を求め、心強く感じるのです。

パートナーとは、最も身近で影響力のある存在。プラスの影響力が強ければ、逆もまたしかりです。パートナーとの関係が悪ければ悪いほど、想像以上にストレスをため、自分の人生にとってマイナスになります。

僕には幼い頃、両親が激しい夫婦喧嘩をしていた記憶があります。

喧嘩が長期戦になるにつれ、幼い僕は「夫婦」のあり方について強い好奇心を抱き、気付けば友達の家に遊びに行っては他の家庭の夫婦関係をじっと観察する子どもになっていました。

結婚し、書道家として独立した頃からその興味はさらに深まり、かれこれ10年にわたって「夫婦」について、市井の方から著名人まで何百人もの方にインタビューを重ねてきました。また僕の書道教室に通われている方たちとも、議論を重ね、カップルの研究を深めていきました。

そうしてたくさんのカップルを研究したところ、うまくいくにもいかないにも、「共通の法則」のようなものが見えてきました。

「法則」ということは、「誰にでも当てはまる」ということです。

つまり、どんな関係であっても、「法則」に基づいてしっかり実践すれば、確実に改善できるということです。

もちろん、まだ結婚していないカップルにもこの方法は有効です。実践が早ければ早いほど、お得といっても過言ではありません。

僕自身、結婚当初は妻との関係で手痛い失敗を繰り返していました。けれども失敗から一つ一つ法則を発見し、学び、実践していくと、みるみる二人の関係が改善されていきました。

すると不思議と、子どもの調子が良くなったり、自分の健康状態が良くなったり、様々な周辺のトラブルが減りはじめたりしました。しかも仕事関係まで、どんどん良くなっていったのです。

どうやら、パートナーとの関係を改善すると、人生が切り開かれるようです。

さあ、これから一緒に、より良いパートナーシップを築くための法則を学んでいきましょう。

イラストレーション　成瀬　瞳
ブックデザイン　アルビレオ

パートナーにイラッとしたとき読む本　目次

第1章

男女間の悩みの90%は、「男女の違い」の認識不足

第２章　パートナーを変えるには!?

第３章　男女間のＮＧ　これをやってはいけません！

第4章　意外にOK？　男女間の、してもいいこと

第5章 パートナーコミュニケーション術

第1章

●●●●●●●●

男女間の
悩みの90％は、
「男女の違い」の
認識不足

男と女は、犬と猫!?

「妻はなぜ突然怒るんだ？」

「夫はなんで私のこの気持ちを分かってくれないの？」

いつの時代のどの地域でも、たくさんの男と女が、このような心のすれ違いを繰り返しています。

これまで夫婦に関する相談をたくさん受けてきて、気が付いたことがあります。

ほとんどの夫婦の悩みは、「同じ問題に起因する」のです。よくよく話を聞いていくと、基本的な「男女の違い」を理解できていないために、その時起こっている表面的な出来事に振り回されている。男女の違いさえ理解していれば問題にもならないようなことを、長年悩み続けている……。そんな人を、僕は数多く見てきました。

男と女を犬と猫にたとえてみれば、わかりやすいかも。

猫はなぜ、犬が遠吠えをするのか分からない。犬はなぜ、猫がごろごろしているのか分からない。

犬と猫は、それぞれが自分にとって「普通」の行動をしているだけです。でも、犬は猫を、猫は犬を目の前にして、考えを巡らせます。

相手は「普通」と違うことをしでかし、まったく理解不能だ。不可解で不満である、と。

人間の夫婦にも、まったく同じことが言えます。

「うちの旦那、話をちゃんと聴いてくれないの」（理解できない↓不満）

「うちの嫁、なんでいきなりプンプンしてんだろ？」（理解できない↓不満）

カッコ書きに気持ちの流れを書きましたが、要するに、理解できない相手の行動に、私たちは不満を感じるのです。

男女の思考回路は犬と猫ほど違います。

例えば、近所で長い立ち話をしているおじさんは見かけないし、男性がスーパーの大安売りのカゴに入った食料品を引っ張り合う姿は見たことがありませんよね。

男性側から見ると、近所で長い立ち話をしている女性や、スーパーで安売りの食料品を奪い合う女性の行動を理解することはむずかしい。

逆に女性は、男性の「気持ちを察する能力のなさ」や「感情を汲み取ろうとしてくれない態度」も、理解できないでしょう。他にも「なんで冷蔵庫の中の物が見つけられないの?」「なんで洗面所の周りをビチャビチャにしたままなの?」などという話を、たくさんの女性から聞いてきました。

これらはもう、生まれつきの「習性」。犬猫の行動の違いのように、習性だから

「仕方ない」という部分です。「仕方ない」部分を言い換えると、「変えられない」部分。

男女の違いというのは、想像以上に大きいものです。そして、この違いはもう生命体レベルの話なので、変えようがないのです。**ですから、賢く幸せな夫婦生活を送るためには、まず夫の「変えられる部分」と「変えられない部分」を見分けることが重要なのです。**

もういちど言います。**男の「習性」の部分は変えられません。**しかし、安心してください。「悪い習性」は、やり方しだいで「良い習性」になることも可能です。

事実、夫婦とは、違うからこそ助け合い、互いの価値観を広げ合い、お互いを高め合えるのです。

男は基本、自信がない。あなたが考えている以上に

あなたのパートナーに限らず、人間が自信をなくすのは、当然のことです。幼い頃はハイハイすれば喜ばれ、立っただけで拍手喝采ですが、大きくなるにつれて「比較」が始まります。きょうだいと比較され、学校に入れば頭のいい子、美形な子、足の速い子、人気がある子……イヤでも自分よりスゴい子がたくさん目に入ってきます。

特に男性は社会性を重んじる生き物。もうどんな男性でも、自信満々な人はいないと考えて間違いないくらいです。

キムタクや福山雅治にはコンプレックスなんてないんじゃないかって？

いや、そんなことはありません。彼らだってコンプレックスがあるから、あれだ

けのエネルギーを発することができるのです。もしも本当に自信満々だったら、あんなにずっと頑張り続けることはできないと思います。

「人と比較などしなければ自信がなくなることはない」という意見もありますが、僕は、それは理想論だと思います。人と「比較しない」なんてムリだからです。

だから、「比較しないように努力する」より、「自信がない部分がある」と受け止めたほうが人は頑張れます。でも、そうしていくらがんばって、がんばって、がんばって素晴らしい成績を残したとしても、それでグーンと自信がつくものでもありませんし、ある1つの点について自信がついたところで、他の部分すべてに自信がある人などいません。

「え？　うちの旦那、勘違い男でやたらと自信満々なんですけど？」

という話もけっこう聞きます。

けれど、**自信満々に見える人ほど、実際は自信がないもの。**本当に自信があるのなら、もっと人間の奥のほうから静かな自信がにじみ出てくるのではないでしょうか？

……で、こんなに自信の話をして、結局何が言いたいのかと言うと、**人は基本、自信がない。だからこそ、「褒めることが重要」なのだということです。**

自信がないから、褒め言葉が響く。

ちなみに男性を褒めるには、コツがあります。

「あら、かっこいい」

「うん、すごくいいね」

などと、ただ心なく言っても伝わりにくい。

実は、**褒めに効くのは、「言葉よりもリアクション」**なのです。

「すてき…」という感じでしばらく眺めるとか、そういうこと。「キャー」というほど大げさにリアクションする必要はありません。

ちょっとしたリアクションをつけながらぜひ、パートナーを褒めてみてください。

女性だって右のマンガのように褒められると、話も膨らみ楽しい気分になりませんか？

男性なら、なおのこと。自信たっぷりの彼でも、いつも自信なさげな彼でも、こまめに褒めてみてください。

あなたによって自信をつけてもらった彼は、あなたの虜になっていることでしょう。

女性の怒りはパートナーの無関心が原因!?

意外と本人も気が付いていないことも多いのですが、**女性がパートナーに対して怒ったり、不機嫌になったりする原因は、「さみしさ」です。**

毎日顔を合わせていても「愛」を感じられない…つまり、夫の自分に対する関心が薄まっていることがさみしい。その「さみしさ」が、怒りや不機嫌となって表面に現れているのです。

いきなりですが、暴走族の人はなんで、あんなに大きな音を立ててバイクを走らせるのでしょうか。

あれは「さみしいよ～　愛してよ！」と叫んでいるのですね。爆音に変換して。

実は、女性が怒っている時にも、これと同じことが言えます。

怒られたほうは突然、怒られてビックリします。けれども女性にはちゃんと理由があって、それが積み重なって爆発したわけです。

マザーテレサは「愛の反対は、憎しみではなく無関心だ」と言いましたが、まさに自分に無関心でいられたことが、さみしくて、さみしくて、それが怒りとなって放出される。

・ラブラブだった頃は、ちゃんと関心を向けてくれたのに。
・今日何をして暮らしていたのかを気に掛けてくれたのに。
・髪型を変えればすぐに気付いてくれたのに。
・くだらない話も一緒に笑ってくれたのに。

「のに」に続くところが、さみしさです。それなのに、いつのまにか夫の関心が薄れていった。

でも、怒られたほうは、まさかその原因が「自分が関心を寄せなかったから」だとは気が付きません。

ここで、ちょっと厳しい現実をお話ししますね。**夫婦間の関心は、放っておけば「時とともに薄まっていくもの」です。**これは自然の摂理です。

人間は「飽きっぽい」もの。はじめて見るもの、触れたものにはすごく刺激を感じ、好奇心が溢れます。もっともっと知りたくなります。けれど、次第にそのものを深く知ると、関心はなくなっていきます。これは、対象自体の魅力がなくなったのではなく、触れる側の関心が減少したのです。

男性と女性は犬と猫。男性は、基本的に相手の気持ちを察する能力が低いですから、「怒り」に変換された内面（さみしさ）を、汲み取れないかもしれません。

では、自然現象に抗い、夫婦やパートナー同士が関心を寄せ合うには、どうすればよいのか。それはのちほど、詳しくご紹介していきますね。

実は男も話を聞いてほしい

よく、「男は話を聞かない。女は話を聞いてほしい生き物だ」と言われます。けれど、実は男だって話を聞いてほしいのです。**夫の側にも話したい内容がある、これが男の本音です。**

だから、帰宅するなり妻に「ねぇ、ねぇ、聞いて。今日さぁ……」と来られると正直つらいものがあります。

夫だって、妻に関心を持たれれば嬉しいもの。しかしいきなり「給料は上がったの？」なんて聞かれたらうんざりします（笑）。仕事に関心を持ってくれるのは嬉しいけれど、「聞き方」や「聞くタイミング」によるのです。

「いつも、お仕事おつかれさま。あなたが頑張っている姿を見ると、私も元気が出

てくるわ。ありがとう。ところで最近、仕事の進みかたどう？」

なんて言われたら、あぁ、この女性と結婚して良かったなぁと再確認できます。

前項で女性の怒る原因は「さみしさ」だと述べましたが、**実は夫も「さみしさ」を感じています。**もちろん、自分がまさか「さみしい」だなんて自覚はないでしょう。けれども働いても働いても認められないと虚しくなるし、妻に尊敬されていないと感じれば、あぁ「さみしい」となるのです。

男性が引きこもったり何かに溺れたり、良くないなぁという行動に走る裏側には、「さみしい」気持ちが見え隠れしているものです。

では、どうすれば良いのかというと、やはり**さみしさを埋めるのは「愛」**です。

でも、時として愛が間違った形で伝わってしまうこともあります。

「ほっといてくれ」

「うるさい」

夫への愛が曲がって伝わってしまうと、こんな発言に結びついてしまいます。

愛情表現として一番気楽で、かつ効果の出やすい方法は「聴く」ことです。

聞き上手な人の前では、男もつらつらと話します。しっかり聞いてくれそうな状況や、自分のことを分かってくれそうな人には、話したいのです。

①まずは話したくなる「環境作り」から。

②そして夫がボソッと話しはじめた時に、相槌を打ってあげたり、次の言葉を引き出す質問を出してあげましょう。

そうしているうちに、気が付けば、夫は本音を熱く語っているでしょう。

人には、自分の話を聞いてもらった人を信頼するという本能があるそうです。うんうん、と頷きながら話を聴くことで、互いの波長をチューニングしている。互いの波長が一致した時に、夫婦の絆を感じます。

夫は自分の考えを受け止めてくれた妻のことを、さらに愛するようになるのです。

よく「男は話を聞かない」「女は話を聞いてほしいもの」と言われますが
実は男だって話を聞いてほしいんです!!
なのにー
ただいま
ねえ!! 聞いてよ〜
ペラペラペラペラ
妻が自分の話ばかりすると
夫は認められていないと感じさみしくなります
男のさみしさは色々な症状になって現れます
引きこもり
ブー
ふてくされる
ギャンブルに溺れる
愛情表現として一番気楽で、かつ効果の出やすい方法は「聴く」ことです
ほうほう
生徒さん→
でもうちの夫はちゃんと話してくれないの
もしかしたらダンナさんはあなたに「話しても通じない」って諦めてしまってるのかも
まず「話したくなる環境」を作ってみましょう
環境?
環境といっても「空間デザイン」から考え直す必要はありません
もっと簡単で効果的なのが感謝の言葉を伝えたり褒めたりすること
ありがとう
すごいねっ
うんうん
それで○○はどうしたの?
夫がボソッと話し始めたときに相槌を打ってあげたり次の言葉を引き出す質問をするんです
えぇ〜でも私だって話したいし聞いてほしいんだもん…
それにちょっとめんどい
うんうん
そういう方は「最初の10秒だけ伝えたいことを我慢」すればOK
10秒!
夫婦関係はそういう「したたかさ」が大事!!
ほんの少しだけ我慢して相手への「感謝の言葉や褒め術」を活用しましょう

お互いを高め合う二人、貶《おとし》め合う二人

僕たちは学校で1＋1＝2と習います。しかし人間関係、なかでも夫と妻の関係は、1＋1＝2になるとは限らないのです。

2組の夫婦の例を挙げてみましょう。ある休日のこと、夫は「山に行きたい」と主張し、妻は「海に行きたい」と譲りません。

夫婦Aは口論の末、せっかくの休日を別々に過ごすことになります。互いを貶《おとし》め合う夫婦の典型ですね。

一方夫婦Bの二人はどちらの希望も叶う選択肢を見つけた上で、どうすれば二人がよりハッピーになれるのかを探っています。彼らは高め合う夫婦といえるでしょう。

夫婦A
山に行こう！
え〜〜 海がいい。あなたっていつもそうなんだから
俺はこんなにがんばって仕事してるのに休みの日くらい山に行かせてくれよ！
私だってあなたのために懸命に尽くしているわ！
もう別々に過ごそう!!
プイッ
夫婦B
何で海に行きたいの？
海原を眺めているとすごく癒されるの あなたはどうして山に行きたいの？
高いところから見る景色が好きなんだ
○○高台にできた新しいホテルはどう？
あそこなら広い湖もあるしホテルからの眺めもいいんじゃないかな
ガイド
すご〜くいいわね♡

夫婦AとBの差は歴然ですね。Bのように互いを高め合う夫婦であれば1（夫）＋1（妻）が10にもなる一方で、貶め合う夫婦では、1（夫）＋1（妻）がマイナス10になってしまうことだってあるのです。

しかも高め合う夫婦の場合、妻と夫がそれぞれの意見を聞き合うことで、互いの思惑を超えた企画が生まれ、それを二人で実現できるのです。まさしく1＋1が10にも100にもなっているのですね。

さらに、このような互いを高め合う夫婦は、「企画力、実現力」のみならず「結束力」も非常に強いのです。彼らはたとえどんな困難に遭遇しても二人で協力し合い、立ち向かうことで成長し、絆をさらに深めることができます。

生きていれば困難はつきものです。「困難」といっても、大病にかかるなどの大事件ばかりではありません。会社でちょっと失敗してしまったとか、多忙が続いているとか。そういう小さな「困難」は、誰にでもたくさんあるのです。

この小さな「困難」に夫婦でどうアプローチするか。

日頃から互いを気に留めていれば、日々のちょっとした「困難」もまた、絆を深める潤滑油になり得るのです。

このように日々おとずれる「困難」に対して二人寄り添い、互いが互いの「心のコーチ」になるような関係を築いている夫婦は、たとえどんな「困難」が起ころう

とも、マイナスの出来事をプラスに変えていけます。

ここではあくまでも分かりやすいように極端な2つの例を挙げて説明しましたが、もちろん実際には常に完璧な夫婦なんていません。その時々で、互いに高め合う時もあれば、貶め合う時もあるでしょう。

誰だって高め合う夫婦でいたいと思いますよね。僕もそう思っています。

常にそうあり続けることはできなくとも、なるべく「互いを高め合う夫婦」でいるほうに生活の軸を置きたいものです。

助けてください！双雲さん

お悩み相談1 夫のスポーツカーに維持費がかかりすぎ

Q 夫のスポーツカーに維持費がかかりすぎて困っているのですが、手放してくれません。スポーツカーは結婚前に彼の実家の裕福な親が買い与えたものです。反対を押し切って結婚したので、義理の家族とは連絡を取っていません。

——30代女性、新婚

A 対症療法的な解決策はいろいろあります。例えば、お金を可視化する（収入と支出を明確にする）、妻が働いて副収入を得るなど…。でもそれでは根本的な問題の解決にはなりません。

この問題、客観的に見ると小さなことなんです。でも、スポーツカーにあなたとあなたの旦那さんの持っている悩みが山積みになっているから、それが問題を拡大して見せているんです。

このスポーツカー、夫と妻ではまるで違うものとして映っています。夫にとっては両親の思い出、見栄、ロマンが詰まっている。彼にとって、このスポーツカーには人生が乗っかっているんだと思います。一方あなたにとっては、金食い虫でしかないのではないですか。スポーツカーのせいでお金が足りなくなるんじゃないかという、恐怖心がある。

同じスポーツカーなのに、まったく違ったものに見えている。そこには二人の育ってきた「歴史の違い」が浮き彫りになっているのだと思います。

じゃあ根本的に解決するにはどうすればいいか。それは、このスポーツカーをどうするかという問題に向かって、「夫婦がタッグを組む」ことです。

スポーツカーを挟んで夫婦が向かい合うと、パートナーと戦うことになってしまう。言い争っても、どちらかが勝者、敗者になるだけです。どちらかが我慢しているだけで、問題の根本は解決していない。数ヶ月くらいは持つかもしれないけれど、そのうちにまた形を変えて同じ問題が起きてくるはずです。

そうではなく、問題を外に置いて、それに二人一緒に立ち向かうんです。夫婦で同じ方向を見る、と言ったら分かりやすいでしょうか。

ゲームに例えるなら、敵に打ち勝つために、夫婦でパーティを組む。

そう、これはきっとあなたたちに降り掛かってくる試練の第一番、ステージ1の中ボスなんですよ。やっと結婚して、物語は始まったばかり。第一関門が来たところってことです。

この物語のゴールは、二人が最高に幸せな夫婦になることですよね？　だったらまず、目の前のスポーツカーからちょっとのあいだ目を離して、遠くを見るんです。二人同じ方向を向いて、同じ点を見つめる。

これから二人はどんな夫婦になりたいか。そのために二人は今どうすれば良いのか。そうやって考えると、おのずと、じゃあ目の前のスポーツカーをどうすればいいのかということが、見えてきませんか？

ちなみに僕は手放すことをお勧めします。旦那さんにとって、本当の意味で親からの甘えを断ち切り、独立を宣言することになるから。

決して経費の問題のために手放すという話ではありませんよ。新しい人生をスタートするために手放すんです。

親からの庇護を断ち切る。すると、本当の意味で親に感謝し、恩返しできるようになるのです。

きっと夫婦にとって理想の未来は、身内で感謝し合える関係になることではないでしょうか。本当はスポーツカーをどうしようと、どうでもいいのです。大切なのは、手段と目的をはき違えないこと。スポーツカーで、ごちゃごちゃもめるのは、言ってみれば「楽しむためにディズニーランドに向かっているのに渋滞でキレている」ようなものですからね（笑）。

いつか義父母と振り返って今を笑える日が来ることを祈っています。

第2章

●●●●●●●●

パートナーを変えるには!?

男を動かす魔法の言葉はたった3文字!?

『男は3語であやつれる』（伊東明／PHP文庫）のヒットで、男をあやつる3語が流行したことがありました。その中でも最も短くて効果的な言葉。

それは、**「すごい」**です。たった3文字の「すごい」が、なぜか男にはすごく効く。

男とは悲しい生き物で、人生で一番褒められるのは、ハイハイから立ち上がった瞬間（笑）。1歳頃がピークで、あとは褒められるより怒られることが増えていく。大人になればなおのこと、なかなか褒められることはなくなります。

1章でも述べましたが、男性は、女性が思う以上に自信がありません。悲しいかな、だからこそ「すごい」という言葉が響くのです。

僕が会社員だった頃、おじさま方に誘われて、スナックなるものに連れて行ってもらったことがあります。そこのホステスさんたちの、まぁ褒め上手なこと。よく分からないことでも「すごーい」と言う。するとおじさま方も、本当はお金を貰って、仕事で言ってるリップサービスだって分かっているのに、顔を赤らめて喜んでいる。

ホント男ってバカだなぁと思っている僕もまた、その時言われた「若いのにすご

いですね」に、何の根拠もないのにすごく嬉しくなってしまう自分がいました。

褒める内容は、何でもいいんです。お皿を洗ってくれた時に「すごーい、上手」でもいい。新しいスーツを着た時に「すごーい、似合う」でも。本当は似合っていなくてもいいのです。「すごい」に根拠はいりません。

男性はあまり人生において褒められ慣れていないので、「すごい」と言われてもうまくリアクションが取れず、素っ気ない態度を取るかもしれません。けれども実はあとで一人になった時に、鏡の前でニヤリとしている。

それが男の性質なんです。


以前、書道教室で、ある男性生徒の添削をした時の話。

男性はある漢字に自信がなく、たしかにその文字はうまく書けていませんでした。でもその中ではサンズイがうまく書けていました。僕は「いやー、このサンズイ、すごいですね」と伝えました。でも、その男性にはリアクションがありません。

僕は内心「あぁ、褒め方を失敗したかな」と思って彼が自席に戻ったところをチラッと見たら、なんと机の下に手を隠してガッツポーズをしているではないですか！　「すごい」が効いたのですね。

あまり「すごい」などと言うと、調子に乗るのではと不安になられるかもしれませんね。でも、いいんです。ちょっとくらい調子に乗らせておくくらいが。そのうちまた、落ち込むでしょう、現実の厳しさに。

そうやって男は成長していくのです。

しかも**実は、妻や彼女から言われた「すごい」はちゃんと蓄積していて、「自信」という根っこが少しずつ太くなっていくのです。**

一番身近な女性から褒められることで、男は強くなっていきます。

パートナーに話を聞いてもらう技

女性の会話と男性の会話は、スタイルが大きく異なります。僕が女性同士の会話に入ってみると、結論を求めることなく、話の流れに乗りながら、互いの共感ポイントを探り合っているように感じられます。

一方、男性は、会話に結論や結果を求めがちです。会社でもどこでも、結論・結果を求めるための手段として会話をする習慣が身に付いているからです。だから、多くの男性が女性の話を聞いていると、途中で「で?」「結論は?」などと言ってしまうのです。

女性からすると結論を求めているわけではないから、そういうふうに言われると、テンションが下がってしまう。でも、男性側としては、「あれ? せっかく聞

いてたのに、なんで突然、機嫌悪くなってんだろう?」と驚くことになります。

このように女性と男性では、会話に求めるものがまるっきり違うのです。女性はたとえ他愛ない話でも、ブワーッと話して「ウンウンそうだね」と共感し合ってスッキリするもの。そこに答えがあるかないかは問題ではないのでしょう。

だから私は、書道の生徒などが「夫が話を聞いてくれないんです」と相談してきた時にはまず、夫はひとまず諦めて気の合う同性の友人と、とことん語り合うことをオススメします。

話を聞くことに向いていない人をどうこうするより、明らかに効率的だからです。話したい、語り合いたいという欲求には、気の合う仲間同士で楽しい時間を過ごすのが一番じゃありませんか?

それでも、やっぱりどうしても夫に話を聞いてほしい、特に彼自身に物申したいという場合は、ちょっとしたコツがあります。男性は集中しているものから離れられないもの。

「タイミングが重要」です。女性から見るとくだらない内容であっても、例えば新聞を読んでいる時は、「そこに集中」しているのです。

だから、「1分いい？」「次いい？」などと尋ねてから話をはじめることで、話に集中してくれるようになります。

そして、たとえイライラした時でも、一番やってはいけないのが、相手のタイミングを考えずに、いきなり感情的に怒りをぶつけること。いきなり言われた相手は、萎縮するか怒り返すかのどちらかで、関係が悪くなるだけです。

まず、**話をする時は「自分の感情が高ぶっていない時に伝える」**と覚えておいてください。

その上で、相手とのコミュニケーションが取れるタイミングをじっくりと「待つ」こと。相手が忙しそうな時は、手が空くのを待ちます。

待ってもタイミングが取れそうにない時は、「ちょっと話したいことがあるんだけど、明日の夜10時くらいから、10分でいいから時間くれない？」というように伝えます。

男性は、具体的な時間を伝えられると、合わせてくる習性があります。逆に「ねぇ、聞く時間取ってよ」なんて言われても動きません。

男性は「具体的な数値に弱い」。これも覚えておくと良いですね。

さらに「あなたに聞いてもらうとストレスがふっ飛ぶの」とか、「あなたに話すと問題が解決して幸せ」などと付け加えれば完璧です。

そして、いざ話すタイミングが整ったら、相手の良いところにフォーカスし、良いところを引き出すような感覚で話をします。その上で、彼が喜びそうな言葉を選びながら、「どうしてほしいのか」を伝えます。

「面倒くさい」と思うかもしれませんが、その方が効率的で効果的なんです。不機嫌になる方が遠回りで面倒ですよね。

僕が生徒さんに書道の添削をする時に心がけていることがあります
それは「まず褒める」ということ
いきなり「ここがダメ」と赤をつけたら生徒さんは萎縮してしまいます
ダメ！
何も聞けません…
自信喪失
でも先に褒めて相手の心が開けば素直に改善してもらえるんです
ここを直してみよう
はいっ
夫婦関係も同じ
いつもお皿を片づけてくれて嬉しいな
一緒に居てくれてありがとう
あなたの働きを見ているだけで私も頑張ろうって思えるんだ
まず先に褒めてから
大事なことをひとつ伝えるようにしましょう
実は──…
うんうん
これを解決すればもっとよくなるんじゃないかな
なるほどねっ
焦らず気長に伝えていこう！

男を変えるには「歯磨きマン方式」を使え！

パートナーのイヤなところが目に入った時、あなたならどうしますか？　体当たりで相手を変えようとはしていないでしょうか。

人は他人から自分を変えようとされることに敏感なもの。あなたがイヤな部分を変えようとするほどに、彼は心の扉をガチガチに閉じてしまいます。

すると当然、二人の関係も悪化します。誰だって他人に無理矢理変化を求められるのはイヤですからね。なぜなら、「変えようとされる」ということは、自分のダメな部分を集中的に批判されるのと同じだからです。

じゃあ、どうすればいいのか。我慢するしかないのか？

そんなことはありません。相手を変えるには秘策があるのです。**それは、相手の**

「変わりたい」という気持ちを引き出すことです。

実はこの方法、別段新しいものではないのです。子ども相手にならず、すでに子育てのコツとして広く紹介されているものです。これまでと違うのは、秘策を使う対象が「子ども」ではなく、「夫」だという点だけ。

例えば子育てのなかで「歯を磨きたくない」とダダをこねるシチュエーションがあったとします。ここで最悪な対応は「歯を磨きなさい」と怒鳴ること。子どもはどんどん歯を磨くのがイヤになります。

こんな時は子どもがやりたくなるような「環境を整える」のが効果的です。

例えば母親が自ら楽しそうに歯を磨いているところを見せたり、最新の歯ブラシを一緒に買ったり、歯磨きマンになりきったり（笑）。いろいろな方法を試しながら、気長に一緒に歯磨きを楽しめる環境を作っていく。

歯磨きをするという行為と楽しいという感情がセットになるよう、その土台さえ作り上げることができれば、あとは親が「歯を磨きなさい」と言わなくても、自分で磨くようになります。

一見、手がかかるようでいて、僕はこれが最良の方法だと思います。一度、歯磨きを覚えた子どもは、言われなくてもやるようになるのですよ。それも「楽しい」と思いながら、自ら進んで。

子育てでは、この方法(ここでは「歯磨きマン方式」と名付けましょう)で子どものやる気を促し引き出すことで、日々の中でぶつかる困難(朝の支度が遅い、勉強しない、反抗するなど)を明るく乗り越える力を身につけていきます。

この「歯磨きマン方式」を、夫に使ったらどうなるでしょう。

書道教室の生徒さんに、「洗濯物を脱ぎ散らかす夫にイライラする」と言っていた方がいました。

最悪パターンは、「なんでいつも脱ぎ散らかすの!」とキレること。キレれば2、3日は怒られないようにカゴに入れる可能性もありますが、心から反省していませんから、しばらく経てば元通りになるのがオチです。子どもと同じで、怒られた時には、「怒ってる、怒っている」ということしか頭に残らないからです。

では、歯磨きマン方式で考えるなら、あなたならどうしますか？　その生徒さん（妻）は、こんな方法で解決しました。

妻「洗濯カゴを一緒に選んでほしいんだけど」
夫「自分で選びなよ」
妻「だって、あなたってセンスがいいじゃない。あと、どこに置いたら良いかとか、そういうシステムみたいなものを作るの、あなた得意だから頼みたいなぁって」
夫「分かった。今度一緒に選ぼうか」
妻「わぁ、頼もしいわ。家族みんなが洗濯物を入れたくなるようになるといいわね」
夫「そうだな」

問題解決、これにて一件落着。いや、「解決した」というより、夫のやる気を促すことで、問題そのものが自然消滅したようなイメージですよね。

プラス、その夫は、洗濯を自主的にやってくれるまでになったそうです。

面白いのは、この「歯磨きマン方式」の洗濯カゴ作戦によって、単に夫がカゴに洗濯物を入れるようになっただけではなく、ご家庭の他の問題に対しても、夫のほうが積極的に対応するようになったとのこと。「たかが」洗濯物脱ぎ散らかしの問題を、「されど」ととらえることで、夫婦の根本的な関係性まで変えてしまった点です。

相手の「変わりたいという気持ちを引き出す」。この基本さえしっかり押さえれば、目の前の夫の行動にいちいち「問題を解決しなきゃ」とイライラしなくなるのではないでしょうか。

変えられる部分と諦めるしかない部分を把握する

人には変えられる部分と変えられない部分があります。

1章でお伝えしたように、男と女は犬猫ほどに違うもの。それぞれの「習性」の部分は変えられません。

あぁ絶望、と思われぬよう（笑）、ここで、僕と妻の場合を例に挙げて、「諦めたこと」、「変えることに成功したこと」を紹介したいと思います。

変えられないと、諦めの境地に至ったこと

妻がときどき不機嫌になったり、感情的になること。

以前の僕は、妻をどうにかして感情的にならないように変えようとしていましたが、ある日を境に諦めました。

すると、諦めた瞬間から気にならなくなったのです。あんなに気になっていたのに、です。

そればかりか、僕の価値観も少し変わってしまったようです。自分が不機嫌になることも許せるようになり、時には感情的になることも必要だな、などと思うようになったのです。

振り返ってみると、妻が感情的になるたびにこちらも不機嫌になっていました。つまり、火に油を注いでいたのです。

「不機嫌でもいいよ」と思えるようになったら、すごく楽になりました。

実際に変えることに成功したこと

1）妻は、僕（夫）がどこでも寝転んでｉＰａｄを見ているのがイヤだった。しかし、夫は「仕事にも趣味にも必要だし、寝転んでできることがiＰａｄの魅力なのだ」と譲らない。

そこで妻は、「子どもが寝る時間帯だけでいいからやめてください」と時間を限定した。夫は、その約束は守るようになった。

2）夫は、妻が子どもに感情的に怒るのをやめさせたかった。じっくり子育てについて話し合う時間を持ち、「感情的に怒っても子どもには効果がないばかりかマイナスが多い」ことを説明し、納得してもらった。

感情的に怒った時には妻を責めるのではなく事実を伝えるようにし、妻の気持ちに寄り添うようにしたことで、妻は少しずつ叱りかたがうまくなった。

3）夫と妻は、互いに感謝の気持ちが薄れてきたと感じていた。

あえて言葉にしたり、メールに書いて送るようにしたことで、感謝する機会が増えていった。

……この他にも多くの例があります。

変えることに成功した その他の例

大切なのは「まず、自分から先に変わること」。自分はそのままで、相手を変えようとしたって、うまくいくわけがありません。

相手の気持ちに立ってみれば分かりますよね。横柄な態度で「変われ！」と言われて変わる人はいないでしょう。たとえ力でねじ曲げるようにして相手を変えたつもりになったとしても、心底納得しなければ表面的で、時間が経てば元に戻ってしまいます。

一見、こりゃダメだ、これは変えられないと思うことでも、諦めずに様々なアプローチをしてみることで、解決した例もありました。こうして二人の間で上手に折り合いが付けられるようになると、そのことが次に困難がやってきた時に二人で立ち向かう「自信」につながりますし、お互いの信頼関係も深まります。

そうすると、余裕が生まれるのでしょうか。それまで相手に「変えてもらいたい」と思っていたことも、「あ、それはやっぱり変えなくてもいいや」と思うようになるのです。互いの信頼関係が深まることで、寛容の心も育つのだと思います。

男性はペットと同じく「しつけ」が必須

「夫が家のことを何もしてくれない」

これは多くの奥様が抱えている家庭の悩みです。九州の男尊女卑のある環境で生まれ育った僕も結婚当初は家事など、まるでしませんでした。しかし、妻に「しつけ」を受け、じわじわとやるようになりました。

「しつけ」というと、上から目線で命令する印象がありますが、僕が言う「しつけ」は、そういうものではありません。

犬のブリーダーを思い出してもらうとイメージが湧きやすいと思うのですが、優れたブリーダーは、けっして「上からの命令」はしません。それは、高圧的な命令はいずれ破綻すると知っているからです。**犬のしつけは「やる気・その気にさせる**

こと」が大事。夫もまた、同じです。

「お風呂洗ってよ！」

なんて言い方をされたら、男性のモチベーションは一気に下がります。

「お風呂洗ってくれたら嬉しいな」

と言えば、少し気持ちは動きます。

「あなたがお風呂を洗ってくれると、ホントにピカピカになるから頼みたいの」

なんて言われたら、かなり動きます。洗った後の声掛けも肝心。

「さすがだわ、すごい」

なんて言われたら、次も洗いたくなります。どんどん洗っちゃいます。

……そんなの面倒くさいと思われますよね。でも、どうか「犬のしつけ」だと思って、気長にやってほしいのです。

「私がやったほうが早い」という気持ちもよくわかります。でも、そうしてしまうことで夫の手伝う領域がどんどんなくなって、その結果、多くの男性が自然と家事から離れていってしまうのです。

これは、会社の上司と部下にも似ています。

できる上司は、いくら自分がやったほうが早いと思うことでも、上手に部下に任せる。そして、褒めるのもうまいのです。その分、自分はゆとりを持ってチーム全体を見渡すことができる。

「人に仕事を任せるのがうまい」。これは世をうまく渡り歩く知恵でもあります。どうか、夫のブリーダーなり上司なりになったつもりで、男性を上手に転がしてもらえればと思います。1年もすればかなり頼りがいのあるパートナーに成長しているはずです。

僕は、家事や子育ては、夫婦で共通の問題を乗り越えていく貴重なチャンスだと思っています。どうせやらなければならないのなら、イヤイヤやるのではなく、夫婦でチームを組んで楽しむゲームのようにとらえたい。そう思えたらステキですよね？

しつけを漢字で書くと
身が美しい
躾
『しつけ』とは
する側も される側も
『態度を美しく心がけながら
するもの』
ダメな例
早く食器
洗ってよ～
ゴロ
ゴロ
イラッ
ピシッ
『美しい態度』を作るのは
『美しい心』です
どういう態度や
心構えで家事や育児に
臨むのが美しいのか
美しい
それぞれの夫婦にとっての
美しい関係をイメージしながら
『しつけ』してみてください
10年後 30年後にも
夫婦で協力して
笑顔でいられたらいいですね

助けてください！双雲さん

お悩み相談２　夫がスマホばかり見ているのがイヤでたまらない

Q

夫がスマホでゲームばかりしているのがイヤでたまりません。子守りをお願いしても「いいよ」とは口ばかりで、子どもを一人で遊ばせておきながら自分はスマホばかり見ています。ご飯を食べても、電車に乗っても、寝そべってもいつでも片手にスマホがあり、見るたびにイライラしてしまいます。

――30代女性、会社員、子ども1人（4歳）

A

スマートフォンの問題は、最近本当によく聞きます。今や世界中で起こっている大問題と言えるでしょう。

夫と話したい妻からしてみたら、夫がスマホに熱中していては会話になりませんから、夫との時間をスマホに取られていると感じるのは当然。つまり、多くの家庭で、スマホが妻のライバルになっているのですね。

アルコール依存と同じ中毒性が、スマホにもあります。

電車の中で、景色をボーッと見ている人っていなくなりましたよね。代わりに多くの人の片手にはスマホがあります。

これは、子どものゲーム問題と同じ社会現象です。子どものゲーム漬けが社会問題になった頃には、毎日「ゲームをやめなさい」と言うのがイヤでたまらない、という母親の声をよく耳にしたものです。友達と一緒にいても、それぞれが自分のゲームで別々に遊んでいる。

僕の子どもの頃もそうでした。当時はゲームの代わりにマンガでしたが、友人と一緒にいながら別のマンガを読んでいて、たまに「あのさー、あれって○○だよね」「そうなんだー」なんて会話して、またそれぞれのマンガに戻っていく。この距離感を心地よく感じていました。

僕に限ったことではなく、これが男にとって快適な距離感なんだろうと思います。でも、女性のコミュニケーションは違いますよね。だから、多くの妻が、夫のスマホをイヤがるのだと思います。

このスマホ問題の解決法は、夫に「親しき仲にも礼儀あり」ということを知ってもらうことです。

例えば、初対面の人と会っているのにずっとスマホをいじっていたら、失礼ですよね。夫だって外でそんなことはしていないでしょう。だから「その行為は、家族の中でも失礼に当たるのだ」と知ってもらうことが、第一歩でしょう。

でも多くの男性には、そもそもその行為が「ダメだ」という認識がないのではないかと思います。家の中でずっとスマホをいじることが悪いことだとは思っていないし、まさかそれで妻が不快に思うだなんて、考えもしないのです。

マナーが悪いという感覚が夫にないとしたら、さて、どうするか。

これはもう、「本当にイヤだから！」と心から伝え続けるしかないです。

時々、悩みを一人で抱え込んで、相手の男性に伝えていない人がいます。

例えば、女性は紅茶が好きだろうと思い込んでいる男性から、繰り返し紅茶を勧められているとします。でも本当は紅茶が嫌いなら、もじもじしているだけでは伝わりません。「え、本当に紅茶、イヤなの？」と気付いてもらわないと、行動は変わりませんよね。

スマホ問題も同様に、まずは言葉でちゃんと思いを伝えること。コレ、大事です。

伝える時にもポイントがあります。こちらの希望を伝える時には、「私」を主語にする。

「あの人も言っていた」「みんな言っている」はダメです。

例えば、「あなたの食べ方が汚いって、あの人も、あの人も、あの人も言ってたわ」なんて言われたら、ショックですし、マイナスの結果しか生みません。

メッセージを伝える時は、「私はイヤだ」というように、「私」を主語にして思いを伝える。

「誰が何と言おうと、私は本当にスマホがイヤなの！」

これは効きます。そして、それでもやめなければ最後は、キレる。

普段温和な奥様が急にキレれば、「そこまでイヤだったらやめよう」となるはずです。このようにして夫が聞く耳を持ったら、それから詳しい要望を伝えます。

実は、ご飯を食べる時にスマホに触れているのがイヤなのだとか、そもそもスマホ自体がイヤだ、とか。

そして、例えば「ご飯を食べている間は触らない」など、家でのルールを作る。そのルールを夫が守ることで、食事以外の時間に夫がスマホを見ていても、さほど気に障らなくなるかもしれません。

時が流れれば、マナーが認知され、浸透する日が来るのかもしれませんが、この問題、もうしばらくは世間を賑わしそうな気がします。

第3章

男女間のNG
これをやっては
いけません!

3つのないからはじめよう

①「ゴメン」を口癖にしない、させない

夫婦関係を円満に保つために、「ごめんなさい」を声に出すことはとても大切で、素晴らしいことです。けれども、「ゴメン」が口癖になってしまっては、逆効果。

謝る際の「言い訳を考えるクセ」が身に付いてしまったり、責任逃れの心、後ろ向きな気持ちが育ったりするからです。

「ごめんなさい」には、「良いゴメン」と、「悪いゴメン」があるのです。

「良いゴメン」は、相手のことを思っての優しさ、誠意のあるゴメン。

一方、「悪いゴメン」は自分が責任から逃れるための言葉です。

一番分かりやすいのはメディアで見かける謝罪会見でしょうか。「大変申し訳ございません」と深々と頭を下げているのに、ちっとも悪いと思っていないのがよく分かりますよね。

その発言が良いパターンなのか悪いパターンなのか、一番知っているのは本人でしょう。客観的に見ると、謝まったことで関係性が良くなるのが良いゴメン。悪くなるのが悪いゴメンです。

ゴメンは口癖にしない。言うなら、言ったことで関係性が良くなる「ゴメン」を使いましょう。

②自分がされてイヤなことは、相手にも絶対しない

人間とは不思議なもので、自分がされてイヤなことはよく分かるのに、他人がイ

ヤだと思うことは分からないものです。

例えば、自分が話している時に夫には他のことをしないでほしいと思っているのに、雑誌を読みながら夫の話を聞いていたりしてはいませんか？

自分がされてイヤなことは、相手にもしない。まずはそう決めることが大事です。

では、具体的にどこに気をつければ良いのかを知るために、あなたがされてイヤなことを書き出してみましょう。自分のことは普段は見えなくても、書き出すことで見えてくるものがあるはずです。

その中から、「今週はこれに気をつけよう」というように決め、実行に移すのです。

ちなみにイヤなことはやり返さないのが鉄則ですが、逆に自分がされて嬉しいことは、倍返しです（笑）。

③阿吽の呼吸を信じない

日本には昔から、「秘すれば花」「阿吽の呼吸」などという、黙っていても伝わることに美しさを感じる美学があります。たしかに、それはそれで美しいことです。けれども実際に夫婦関係を送る上では、**「夫婦であってもきちんと伝えなければ伝わらない」ことが、たくさんあります。**

「靴を磨いてくれてありがとう」

夫がそう言わなければ、妻は自分が磨いておいたことに気付いてくれてないのかな？　と思うかもしれません。

給料日に妻が何も言わずに口座から引き出し、あなたの分、と小遣いだけを差し出したら、感謝されていないのではと思う夫もいるかもしれません。

これは日本人独特の意識だと思うのですが、「感謝を伝えるのが恥ずかしい」と思う人がいます。けれども、「あなたのおかげ」「ありがとう」と言われて嫌がる人はいません。

特に良い夫婦関係を築くには、「感謝を言葉にすること」、「声に出して伝えること」が欠かせません。

どうか恥ずかしがらずに、たくさんのありがとうを伝えてください。

3つの
ないを
いつも心に
『ゴメン』を
口癖にしない.させない
ゴメーン
ゴメーン
自分がされてイヤなことは
相手にも絶対しない
へー
そうなんだ
それでー？
イラッ
阿吽の呼吸を信じない
今月もお給料
ありがとう

「～してやっている」という意識を捨てる

日常生活、夫婦関係、親子関係のすべてをつまらなくさせる言葉があります。

俺は「稼いでやっている」、私は「家事をしてあげている」の、「～してやっている（あげている）」です。

「～してやっている」という気持ちで過ごしていると、どんどん見返りを求めるようになって、不満だらけになってしまいます。

この、「～してやっている眼鏡」で辺りを見渡すと、この世の中は、「～してやっている自分に、十分な見返りをよこさない、ふてぶてしいものだらけ」に見えてくるのですから、恐ろしいことです。

例えば僕は、休みの日に子どもと遊ぶことを「遊んでやっている」とは思ったこ

とがありません。どちらかというと、こんなに楽しそうに僕と楽しんでくれてありがたい、と思います。

でも、もしも「遊んでやっている」のだと考えたら、とたんに楽しくなくなってしまうのではないでしょうか。

人は、「義務感」や「恩着せがましい気持ち」で行動すると、どんどんモチベーションが下がり、不満、ストレスが溜まっていく生き物です。

逆に、「やらせてもらっている」という謙虚で能動的な気持ちで行動すれば、見返りを求めるどころか、感謝の気持ちが溢れてきます。

まったく同じ風景も、本人の心の持ちかたひとつで１８０度違った景色になるのです。

謙虚で能動的な気持ちで行動していると、相手にもその「良い波動」が伝わり、気持ちの良い会話のキャッチボールができるようになります。

自分で決めたことをやり遂げることのできる人は、生まれ持って「持続力がある」のではありません。

「やらせてもらえてありがたい」という気持ちで行動していると、周囲の応援を肌で感じ取れるようになる。

だから、結果的に持続可能なエネルギーが湧き出てくるのです。

夫婦関係も同じです。「〜してやっている」の眼鏡を掛けるか、「自分はこのパートナーと同じ時を過ごさせてもらって、ありがたい」の眼鏡に掛け替えるか。

どちらを積み重ねたいかは、心の持ちかたひとつです。

『〜してやっている(あげている)』は日常生活、夫婦関係、親子関係をつまらなくさせる言葉です
俺の稼いでやった金で妻が高級ランチを食べている….
夫の洗濯をしてあげているのに手伝おうともしないわ
カチャ
〜してやっている
眼鏡
この『〜してやっている眼鏡』で辺りを見渡すと….
この世の中は『〜してやっている自分に十分な見返りを返さないふてぶてしいものだらけ』に見えてきてしまいます….
○○さんってばお土産あげたのにお礼がないわ
あの時○○してあげたのに
見返り
あの時助けてあげたのにあの態度!!
おそろしい…
逆に『やらせてもらっている』という眼鏡をかけてみると
見返りを求めるどころか感謝の気持ちが溢れてきます
同じ風景でも心の持ちかたひとつで180度違って見えるのね！
謙虚で能動的な気持ちで行動していると相手にもその『良い波動』が伝わって
気持ちのいい会話のキャッチボールが出来るようになりますよ
ポ〜イ
『〜してやってる』
GOMI

男を甘やかしてはいけない

「夫の理想に近づこうと努力する女性」を、男性は愛らしく思います。けれども**「夫の理想の女性になること」は、必ずしも良い夫婦関係を生みません。**時には夫を突き放し、バシッと自分の主張を伝えることも必要なのです。

もちろん、男性側からすれば、妻が従順で、家事も完璧にこなし、すべて自分の思い通りになるのなら、そのほうがラクに決まっています。けれどもそんな「都合の良い妻」に甘んじてラクをしていると、男の悪い部分にスイッチが入ってしまうのです。

「男の悪い部分」とはつまり、幼児性です。

「こいつは何でも言うことを聞いてくれる」と思ったら、すぐにそれが普通になってしまいます。そして理不尽なワガママを言って、それが少しでも自分の思い通りにならないと、不満を感じて怒り出します。まるっきり幼児と同じになってしまうのです。

これでは、たとえどんなに妻が夫について行こうと努力したとしても、ストレスは凄まじい勢いでたまり、爆発街道まっしぐらですよね。

ではどうすれば良いのか。

僕がコレまでに見てきたうまくいっている夫婦は、妻が女性特有の「したたかさ」をうまく利用しています。

うまく手のひらで転がす、というか、ちゃんと旦那を「しつけ」ているのです。そうすることで夫は自ら家庭の中で「頼りがいのある存在」に育っていきます。

「秘めた妻力を使って夫の力を引き出す」ということを念頭において、夫を育てていきましょう。

「自分は正しい。相手が間違っている」という考え方を捨てる

これまで一緒にいて、ケンカをまったくしたことがないというカップルは非常に少ないのではないでしょうか。

幼児のつねった、引っ掻いたというトラブルから、カップルの言い争い、世界の紛争まで、ひとくちに「ケンカ」と言っても、いろいろなケンカがあります。

けれども本質は、どれも同じ。「自分が正しいと思っている人同士の衝突」です。「自分は正しい、相手は間違っている」という考えを持っていたら、何を口にしてもすぐに衝突してしまいます。

また、いくら自分に非があると分かっていても、「あなたは間違っている」という態度で来られると、図星なだけに余計にムキになるものです。

ですから、**相手を批判する時や、相手の間違いを正そうとする時には、ちょっとした「工夫」が必要**なのです。

きっと誰にも経験があるでしょうが、ケンカ腰で批判しても、相手は決して非を認めようという気にはなりません。むしろ感情的にイライラして、本題とズレたことまで批判し合うだけ。残るのは後味の悪さだけですね。

では「工夫」とは、何でしょうか。それは、**「先に自分の非を認める」**ことです。**ここでの「非」は、まったく別の事柄で構いません。**

例えばこんな感じです。

「最近私、キツく言いすぎてたね。ごめん」

……と、こんな導入だけで、相手の心の扉は緩んでいるものです。

「いつもありがとね。お風呂掃除してくれて、すごく助かってる」

これで扉は、かなり開いているでしょう。そして、相手のほうから、

「いや、こっちこそ」

なんて言いはじめたら、チャンス到来です。

日頃の不満の中から「ココだ!」というものを、1つ2つに絞って言いましょう。相手の心の扉が開いていれば、心の中にしみ込んでいくはずです。

やってみると分かるのですが、話し合いの姿勢を見せるのは、実は大した手間で

はありません。相手が機嫌を損ねるほうがだんぜん面倒ですから。

話の導入に一工夫する（先ほどの例ならば「最近私、キツく言いすぎてたね」から始める）だけで、ケンカする夫婦ではなく、心の扉を開き、語り合える夫婦になれるのです。

そこで生まれた心の余裕が、夫が感じている妻への「不満」を聞き入れる、ゆとりにつながります。

不安にとらわれない

「旦那が話を聞いてくれなくて不満だ」という話を、僕はいろいろなところで耳にします。何かしらの不満を抱えながら生活している人が多いのだと思います。

実は、**すべての不満の原因は、「不安」です。**

先の例であれば、「このまま私のことを受け入れてくれないのでは」という不安や、「彼の中に私が居なくなる不安」を感じているのではないでしょうか。

不満の原因は不安。まず最初に不安があって、それが形を変えて表出するのです。「不満」ではなく「怒り」や「悲しみ」として表れ出ることもあります。

想像力に優れた人間は、不安になりやすい生き物。でも、もしも自分がムキになっている時、その原因が不安だと知っていたら、ちょっぴり対応が変わってくると

思いませんか？

生きていれば不安はつきものです。食べられなくなる不安、人から嫌われる不安、仕事を首になる不安……。不安を0にすることはできませんが、どうコントロールするかで人生は変わります。

不安を消すのは無理ですから、不安に打ち負かされずに第三の道を生きる方法を考えましょう。

第三の道とは、ワクワクをベースにして生きること。

「利益が下がったらどうするんだよ！」と怯えている9割方の会社が落ち込むなかで、「これやりたいよね」とワクワクしている1割の会社は伸びているもの。

家庭も同じ。より良い未来の像を夫婦で描くことさえできれば、その理想に向かって歩むことができます。

ワクワクベースで楽しむことが、不安にフォーカスしないで生きるコツなのです。

助けてください！　双雲さん

お悩み相談3
夫が趣味のバンド活動で子どもの面倒をみてくれません

Q

趣味のバンド活動を通じて出会い、結婚しました。夫のバンド活動は応援したいのですが、彼は毎週末、練習やツアーで出かけてしまい、まったく子どもの面倒をみてくれません。主婦の私は、日曜日がない気がして息が詰まって辛いです。

——30代、主婦、子ども2人（5歳、3歳）

A

夫のバンド活動も応援したい、子育てもしてほしい。あなたは今、きっとそんなジレンマに陥っているのだと思います。夫がバンドを頑張りたいという気持ちも分かるから、なおのこと辛い。

よく、夫不在の不満は、夫を「お金運びマシーン」と考えれば楽になると言いますが、その解決法、男としては寂しすぎです（苦笑）。

じゃあ、どうすればいいのか。

外出が多い旦那さんに時間を作ってもらうのは難しいかもしれませんが、僕なら「1日でいいから」と時間を取ってもらって、一度旦那さんと本気で話し合う場を作ることをオススメします。

感情的になっても男は困惑するか反発するかでしか返せませんので、自分の感情が高ぶっていない時に、旦那さんに時間を取ってもらう。

「話し合う」、というより「悩みを相談してみる」と言ったほうが近いかもしれませんね。

「あなたと幸せになりたいの。でも、あなたには仕事がある。バンドもある。私はどうすればいいの？」

夫を批判するのではなく、夫に悩みを聞いてもらうんです。その問題を真剣に考えてくれていると思うだけでも、嬉しくありませんか？

そうして、「夫に相談する」という方法で、これから夫婦としてどうありたいのかを二人で考えるのが一番だと思います。

「私、どう変わればいいと思う?」

こんなふうに素直に聞かれたら、男心はくすぐられます。

「頼りになるわ」「賢いわ」「仕事できるもんね」「能力もあるし」

こんな言葉のふりかけが掛かれば、なんとかやってあげたくなるのが男というもの。

「出かけてばかりで、子育てしてくれない!」と夫をつっぱねるのではなく、言葉で甘えてみせるのがミソなんです。

ところで、多くの夫婦間で陥りがちなパターンに、夫の希望することを、理由なく「ダメ」と突っぱねることがあります。

バンド活動に行きたい→ダメ!

この図式は一番良くありませんよね。それは親子関係に例えれば、一目瞭然です。

子ども「このぬいぐるみ買って！」
親「ダメ！」
ダメと言われるほどに欲しくなるのが子どもというものだからです。
でも、こんな時、親に話し合う準備があると、子どもの応対は変わってきます。
親「家にぬいぐるみはいくつあるかなぁ。増えたら置ききらないよねぇ。どうすればいいと思う？」
子どもが自分で考えて答えを導けるように、親が上手にしむける。すると、子どもはどうするべきかを自ら選べるようになります。
子ども「(う〜ん、と考えて）もう一回家のぬいぐるみを見てから考える」
親「○○ちゃんは賢いね」
……子育てで駆使されている「話し合う」技を夫にも使うことで、夫は自ら良い行動を取ろうと努力するようになります。

第4章

●●●●●●●

意外にOK？ 男女間の、してもいいこと

イライラしていい

別に、イライラしたっていいんです。他人同士が1つ屋根の下で暮らすんですから、そりゃイライラすることだってありますよね。

「イライラ」も感情。「好き！」もまた感情。努力して「好き！」と思うわけではなく、自然と、気が付いた時には好きになっている。自分でコントロールしようと思ってできるものではないんです。感情を無理に押さえつけようとしたって、さらに増幅するだけです。

気が付いたら「イライラ」している…。そんな時まずやるべきことは、**「イライラしている自分を許す」こと**。自分の感情と戦わないことです。

「ああ私、今、イライラしているなぁ」と思うだけで、不思議とイライラが増殖していくことはありません。

人にはいろんな感情が湧き上がってくる。そこを受け入れられるようになると、相手のイライラを許容する器も大きくなってくるものです。

そして、次のポイントは、**「同じことでイライラを繰り返さない」**こと。コレ、大事です。

「もう、毎日毎日、洗濯物を脱ぎ散らかさないで‼」と怒る妻。

「何度言ったら分かるの‼」と子どもに叫んでいるお母さん。

毎日同じことで怒っている。冷静に見れば、同じことをただ繰り返しているのですから、相手に変化を求めても、結果に表れないのは当然ですよね。

では相手に変化を求めるならどうすれば良いか。それはもう、**「自分から変化するしかない」**ということです。

自分の「言い方を変える」「行動を変える」「環境を変える」。

自分が変われば、きっといつの間にか状況は変わっているはずです。

ああ、こんな小さなことでイライラしてるなんて…私ったらなんて小さな人間なんだろう
イラ
イラ
台所が汚れたままだよー
夫
あとで片付けるわよ!!うるさいなぁ
そんな言い方ないだろ!
ドッカーン
イライラが相乗効果をうんでしまうことはよくあります
そうならないためにやるべきことは
その1
イライラしている自分を許す
仕方ないさ
その2
同じことでイライラを繰り返さない
イライラ
パ
この件ではイライラしないの
その3
自分から変化するしかない
NEW
変化の方法
・言い方を変える
・行動を変える
・環境を変える
例えば
子どもの面倒をみてよ!
子どもがあなたと遊びたがっているの

「すれ違い」があっていい

芸能人が離婚すると、よく紙面に書かれる「価値観の違い」という言葉。まるで、価値観が同じでなくては夫婦関係はうまくいかない、と言っているみたいですよね。

けれども、そもそも「価値観」なんて違って当たり前。むしろ価値観がまったく同じ人なんて、いるワケがありません。その上、結婚するということは一番親しい存在になるわけですから、些細な違いさえも大きな違いに見えてしまうものです。

一緒に出かけようとしても、出かけるタイミングが違います。見たいテレビ番組も、食べたいものも、行きたい場所も違います。長く夫婦生活を送っていればお金や子育てに対する考えなど、「違い」はどんどん浮き彫りになってくるでしょう。

そう、「すれ違い」なんて、当たり前。問題は、すれ違った時に「どうするか」なのです。「また私が思ったのと違うことをする」とイライラして二人の溝を深めるか、それとも「チャンス」ととらえるか。

離婚に至る夫婦と、うまい関係を築いている夫婦の違いは、実はコレだけなんです。

すれ違いがあった時に、どんな対応をするか。その積み重ねが、二人の「夫婦像」を作り上げているのです。

「すれ違って当たり前」

こう思うだけで、ため息の回数が減りませんか？

初級編は違いを認めること。

中級編は、二人の違いを「面白い」と感じられること。

上級編になると、違いから学び、「お互いまだまだ向上し合える余地があるな」とワクワクさえしていけます。夫婦は「違い」から学び、成長していくことができるのです。

ケンカしてもいい

もちろん決して、ケンカを勧めているわけではありません。でも、「ケンカは良くない」と考え避けようとするばかり、一人で我慢を続けるのは良くないと思います。

不満がたまりまくっているのに、すべて腹にため込んでまで体裁を保つくらいなら、まだケンカしたほうが良いと思うのです。

夫からしても、いつもニコニコ、何の不満もなさそうな態度で暮らしている妻が、実は腹の中に自分に対する凄まじい怒りや嫌気をためていたなんて知ったら、ビックリだしショックだし、ガッカリです。

僕は、ケンカは台風に似ていると思っています。台風は、地球上の生命体にとっ

て欠かせないもの。水分を一気に循環させ、空気を綺麗にします。

夫婦喧嘩も同じ。ケンカしたあとは、スッキリ仲良しになるパターンが多いのです。


ある書道教室の生徒（専業主婦のHさん）が、何十年かぶりに蓄積していた怒りを夫に向けて爆発させたことがありました。

夫に逆らってはいけないと考えていたHさんは、それまで不満を伝えることを抑えていました。その不満が怒りに変わっていたのです。積もり積もって、火山は大噴火。夫はオロオロするばかりだったといいます。

それはそうですよね。だって、ずっとおとなしかったHさんが、いきなり怒りまくるわけですから。夫にとっては、青天の霹靂だったでしょう。

しかし驚くべきことに、その大噴火をきっかけにHさん夫婦は、新婚夫婦の時のようなラブラブに戻ったそうです。

まさに、台風一過。このような例はよくあることなのです。

しかし、ケンカにも「良質」と「悪質」があります。

悪質なケンカは、分かりやすい。とにかく感情的にののしり合ったり、殴り合ったり。原因など、どこかに吹っ飛んでしまって、ただただ暴力的。どちらかが倒れるまで収まらない。

一方の良質なケンカは、イヤだと思うところを簡潔に、ズバッと言う。ここがイヤなんだ。ここを直してほしい、というように。そしてこの時、自分も一歩譲ることができるのが、良質なケンカです。

悪質なケンカに発展しそうな時に、ひと言「自分はここを直すから！」と言うだけでも、良質なケンカに変えることができるかもしれません。

それまでケンカはいけないと思ってきた人にとっては、いくら良質といっても「ケンカする」こと自体に高いハードルを感じるかもしれません。けれども、時には「ケンカになってもいい」というくらいの「覚悟」を持って、抱え込んでいる不満を相手に伝えたほうが良いことがあると思います。

例えば、本当は夫のクセである舌打ちが、イヤでイヤで仕方なかったとします。でも、それを夫に伝えたら、深く傷つくかもしれません。言い争いになってしまうかもしれません。

それでも、この先何十年もイヤな思いを腹の内に抱え込むくらいなら、「エイヤ！」と伝えたほうがいい。

その瞬間は傷つくかもしれないし、ケンカになるかもしれないけれど、そうしたことで相手が舌打ちのクセに気が付き、しなくなったなら、明らかにメリットのほうが大きいのです。気付かなかった舌打ちが直れば、夫にだってプラスが大きいでしょう。

誰だって、「相手を傷つけたくない」という気持ちを持っています。世間の常識から見ても、相手を傷つけるのはいけないことです。

でも、時にはいっとき相手を傷つけてでも、伝えるべきことがあるのです。

かつて僕は人を指さすクセがありました
あなたは？…
ねえ 人に指さすのやめたほうがいいよ
えー？・ 何で？・
今まで生きてきて注意されたコトないんだけど…
指をさされるとイヤな思いをする人がいるんだよ
ガーン!!
し…
知らなかった!!
「やさしい」というと何も注意しないとか怒らないとか思われがちですが
あの時注意してもらえてよかったな…
かなりヘコんだけど…
時には厳しい言葉をかけることも「やさしさ」なんだとこの時知りました
相手が傷つくかもしれないとわかっていて「伝える」のはとても覚悟のいること
悩む…
言うべきか…
う〜〜ん…
「相手を傷つけた責任は自分が引き受ける」心構えを持って伝えましょう
ありがとね
？

弱音を吐いていい

数年前、僕が胆のうの病気を抱えていた時の話です。

僕は不定期に発作が出て、横たわります。楽しみにしていた旅行が突然キャンセルになったり、妻の作ってくれたご飯が食べられなかったり。妻には相当なストレスがかかっていたと思います。

実際問題、予定はすぐに狂うし、育児の負担も増えるし、食事面でも気を使ったでしょう。それでも妻は、文句ひとつ言わずに頑張っていました。

そんな生活が半年くらい続いたでしょうか。ある日、妻はたまらず言いました。

「つらい」と。

妻は、僕が病《やまい》でつらい思いをしていることを、もちろん知っています。だから自

分が「つらい」と言ってはいけないと思っていただろうと思います。それでも思わず口を突いて出ました。

でも僕は、その言葉を聞いて、楽になったのです。言ってくれて良かった。話してくれて、僕も楽になった。

そして二人で泣きました。それまで「つらい」という思いを認めていなかったから、お互いに「つらいね」と声に出したことで、やっと本当の感情を吐き出すことができたのです。それから「この病気、腹立つ」とか、「もういい加減にして」などとお互いに本音をさらけ出しました。すると今度は冷静に、病気と向かい合う強さが生まれました。

心のどこかで分かっていたとはいえ、妻の口から「つらい」と聞くのは、ショックなことでした。だって自分が病気になったせいで、大切な家族にまでつらい思いをさせているわけですから。

でも、このショックがなければ、厳しい現実と真剣に向かい合えていなかった気がします。

長い結婚生活の間には、波風の立つ日もあるでしょう。暴風雨や、絶体絶命と思える日だってあるかもしれません。

そんな時には、「弱音を吐いたっていい」。

あのとき妻が言った「つらい」のように、その言葉が状況を打開させ、迷い込んだ迷路のゴールを照らしてくれるかもしれません。

プチ放棄のすすめ

マジメなことは素晴らしいこと。しかし、マジメすぎると、つらくなってきます。家事も育児もマジメにやりすぎるから、苦しくなる。思い描いた通りの良妻賢母を目指すものだから、手の抜き方が分からない。

そんな方々には「プチ放棄」がオススメです。「プチ家事放棄」「プチ育児放棄」「プチ家出」でちょっぴり「妻」をお休みし、「一個人」にもどる時間を作る。

昔の女性と現代の女性は、結婚に対する意識が全然違います。昔の女性は、「覚悟」を決めて結婚したものでした。「～の家に入る」とか、「長男の嫁になる」とか、一個人として生きる道を捨てる覚悟をして、結婚に臨んでいたのです。

それから時代は変わり、現代人の結婚は、「家と家」の結びつきというより、「個

と個」が結ばれるというように変化していきました。

現代は、まさにその過渡期。だから現代の妻には、「過渡期の歪み」が重くのしかかっているのだと思います。

共働きの夫婦でも、妻が家事を取り仕切っている家庭がまだまだ多いのには、そんな事情もあると思います。「女が家事のすべてを取り仕切るものだ」という親世代の常識が妻と夫どちらにも染み込んでいるから、なかなか変われない。

その上、残念なニュースをもう1つ。**できる妻を持つほど、夫はダメ夫になる。**

会社にリーダーシップを発揮して部下をぐいぐい引っ張る上司がいると、周りの社員はリーダーなしでは何もできなくなってしまう。

それと同じことが、夫婦関係にも起こるのです。妻が家事を完璧にこなすほどに、夫は何もやらなくなってしまう。そして、その苦労も分からず当たり前だと思ってしまう。

いい女を演じていると、男はどんどん甘えん坊になっていきます。夫を甘やかさないためにも、ぜひ「手抜き上手」になってほしい。

プチ放棄の中でも特に効くのが「プチ家出」でしょう。プチですから、居場所を知らせずに突然家を出ろというわけではありません。

「私がいないと家がまわらない、家は空けられない」という思いを断ち切って、お友達と2泊3日で旅に出るとか、重々しくならず、気軽を装うこと。

目的は夫に、いなくなると「困る」と思ってもらうことですから、料理を作り置きしたりせずに、家事と育児を夫に丸投げして家を出るのです。

1日くらいは何とかなるかもしれません。しかし、2日目になると、きっと夫は困ります。

でも、大丈夫。**会社は、社長が不在のほうが、社員はよく働くものだからです。**

「よろしく」と、ニッコリ笑顔でプチ家出してみる。そうして夫に「やってもらわないと困る」と思ってもらうことが、夫婦関係を良くする第一歩です。

同じ家事をするのでも、夫に感謝されながらやるのと、やって当然と思われていることを義務感でこなすのとでは、まるっきり違いますよね。

はぁ…
自分で散らかした分くらい片付けてくれればいいのに…
げっそり
夫の
ビール
ビール
よし!こうなったら
プチ家出だ
ちょっくら旅行してくるね
いってらっしゃ〜い
1日目
なんとかなるもんだねぇ
2日目
オレの下着どこ?
子供用の食器は…?
アタフタ
3日目
洗濯ってどうやるんだ?
アタ
アタ
あっこら服着なさい
ワーワー
早く帰って来て〜〜!!
ママ〜〜!!
いつもありがとう

助けてください！双雲さん

お悩み相談４　義理の母が子育てに口出しをしてきます

Q

義理の母が子育てに口出しをしてきます。お受験をして名門幼稚園に入れ、医者に育て上げなさいと言われて苦しいです。自分としては公立でのびのび育てたいのですが、嫁いだ家の皆が名門校出身で、とても言い出せません。夫は医者ですが、仕事は忙しい上に責任が重く、子どもが医者になることにも賛成できずにいます。

——30代、主婦、子ども2人（3歳、1歳）

A

残念なことですが、ここで義理のお母さんの考えを変えることはできないと思います。こういうタイプの方は一点の曇りもなく、自分が正しいと思い込んでいるから。

言いたいことはいっぱいあるでしょうが、たとえ嫁であるあなたが無理に何か言っても、勝てる相手でもないでしょう。むしろ家の中で孤立してしまうだけです。

ここはしたたか戦略で、「いったん言うことを聞くフリをする」のが良いと思います。

子どもを義母の望む学校に通わせながら、「あなたには型にはまらず、自由に羽ばたいてほしいと思っているの」と子どもに声をかける。周りが何を言おうとも、一番子どもに寄り添い、身近に居るのは他でもないあなたなのですから。あなたの想いは必ず子どもに届くはずです。

子どもがどう育つかは、母親の言葉掛け次第だと思います。確かに学校環境から受ける影響は大きいですが、どの学校を選んでも、どれが正解かなど、誰にも分かりません。名門校に行ってつまずくかもしれないし、公立に行っても話が合わずに浮いてしまうことだってあり得るのです。それよりも、行った学校で子どもが幸福になると信じてあげるほうが良い。

そのためには、名門校でガチガチに育てるのはダメという考えを取り払って、ぜひ、卒業生から素敵な医者になっている人を探してみてください。良い例を見ると、思っていたより出口は広い、素晴らしい世界もあるはず、と思えるかもしれません。

いったんはしたたかに、舞踏会の世界に入ってみる。そうして義家族と仲良く暮らす。要は、それを楽しめればいいわけですよね？

それには魔法の言葉があります。

「面白いな」

これを言うと、何か思いと違うことが起きた時に、ラクになれる。

声に出すということがミソです。口にすると、頭が面白いところを探し、面白い面が見えてくるからです。

そうして上手に立ち回りながら、子どもには「のびのびできる場」を提供してあげるのが良いと思います。

第5章

●●●●●●●

パートナー
コミュニケーション術

コミュニケーションの秘訣はキャッチボール

夫婦間の問題を解決するのは、なぜ難しいのでしょう。それは問題が難しいのではなく、**「問題が見えていないから」**です。

夫婦関係が崩壊する原因は、お互いの要求の「ズレ」です。互いに要求を伝え合えないから、起こった問題が解決できない。

じゃあどうすれば良いのかというと、どこがズレているのかを、「目に見えるようにすれば良い」のです。欲望がお互いのテーブルの上に載りさえすれば、解決は簡単になります。そのためには「会話」、即ち「夫婦間のコミュニケーション」が必要です。

当たり前ですが、会話は1人ではできません。話を投げる人がいて、受け取る人がいる。コミュニケーションとはまさに話のキャッチボールなのです。

僕は小中学生時代、野球部でした。ダメダメ投手だったのですが、Mくんが見事なキャッチャーで、とにかく「いい音」を出してキャッチしてくれる。彼のおかげで僕は気持ち良くなり、よりいい球を投げることができました。

投球の調子が悪い時も、Mくんはユーモアを交えて励ましてくれました。だから僕はMくんの言うことを、素直に聞くことができました。

野球の世界ではキャッチャーのことを「女房」と呼ぶことがありますが、その訳がよく分かった気がします。まさにMくんは、僕にとって素晴らしい女房だったからです。

夫婦間のコミュニケーションも同じです。「いかに上手くキャッチボールするか」にかかっています。

関係がうまくいっていない夫婦は、キャッチボールがうまくできていません。

夫「ねぇ、今日さぁ、仕事でこんなことがあってさぁ」

妻「そんなことよりこの芸能人って…」

……うまくいっていないどころか、投げようともせず、キャッチしようとも思っていない人もいます。

まずはどんな球（話、問題）が飛んできても、受け止めること。できれば、よい音で。これをするだけで、相手の欲求が分かる。するとそれに対する自分の欲求（意見）が見えてきます。互いの思いが目に見えるようになるのです。

そうなればあとは二人で問題を具体的にあぶり出すことができますから、解決の可能性が一気に高まります。

夫婦が互いに要求を伝え合うことさえできれば、その時点で問題の半分は解決したようなものなのです。

夫婦関係が崩壊するのはお互いの要求の「ズレ」があるから
私はここがいいの
こっちにおいでよ
どこがズレているか「目に見える」ようにすれば解決は簡単に！
そのためにはコミュニケーションをとるのが一番！
コミュニケーション＝会話のキャッチボール
キャッチボールは投げる側、受けとる側も話す、聞くという姿勢が大事
キャッチボールできてない図
エイッ
興味ないし
どんな問題が飛んできても
フムフム
まずは受け止めよう
バシッ
反論や解釈はその後
目玉焼きにはソース！
エイッ！
これをするだけで相手の欲求がテーブルに載って
私はソース
ぼくはしょうゆ
それに対する自分の欲求が見えてきます
しょうゆ
ソース
あとは2人でゆっくり考えよう！
とり皿を使うとか
お皿をわけたらどうかしら

ときどき、インタビュアーになりきる

僕と妻は、どうも互いに不満が溜まる時期かな？　と思うと、夫婦でインタビューし合うようにしています。

紙とペンを用意して、まるでプロのインタビュアーになったつもりで、互いに傾聴しメモを取ります。

僕らの場合は、普通に聞き合う時もあるし、ちょっとふざけた感じで劇風にやることもあります。インタビューは一人が終わったら、立場を入れ替えて、もう一度やります。

なんとなくひっかかるけれど、具体的に言葉にしようとしても思い浮かばないケ

ースもあるかもしれません。そんな時は、インタビュアーの方が、自分の行動で気になっていることを、あえてふってみるという手もあります。

実際にあったやりとりですが、この時は、妻がうまく誘導尋問してくれました。

ここで妻も、本当は言いたいことがあるだろうし、「え！　そんなことを不満に思うの!?」とか「そんなこと言われてもムカつく」なんて気持ちも出てくることと思いますが、そこはプロのインタビュアー。ここでは言い返しはナシです。あくまでもインタビュアーとして、聞き上手になる。

あとで自分がインタビューされる番になってから、充分にぶちまけたら良いのです。

なぜこのインタビューが効果的なのか。

それは、**「インタビューという手法をとることによって心の準備をしてから相手の不満を受け止めることのできる場を作れる」**から。お互いに感情を吐き出してスッキリできるし、互いの不満が文字としてテーブルに並ぶことで、冷静に解決策を探ることができるのです。

それから、インタビュアーになりきって、「手を使って文字を書く」ということにも意味があります。文字を書くのと、パソコンで文字を打つのとは、脳の使っている部分がまるで違う。

ある脳科学者の実験によると、パソコンで文字を打っている時、脳はほんの一部しか使われていないけれど、ペンで書いている時はいくつもの部位が使われているという実験結果が出たそうです（さらに筆で書いている時は、脳全体が反応しているそうです）。

手を使って問題を書き出し、並んだ文字を夫婦で見る。

僕自身、これまで書道家として、何百回とインタビューを受けてきた上で、答えるほど自分の感情や、やりたいことが明らかになり、将来のビジョンが明確になっていきました。

必要なものは紙とペンだけ。インタビューの力。みなさんも是非、お試しあれ。

家庭円満の秘訣は男性が安らぐ空間を作ること

いつも夫の帰りが遅いと嘆いているあなた。もしかしたら、あなたの家には夫の居場所がないのかもしれません。

現代の日本では、まだ多くの家庭は妻が主に家事全般をやっていることでしょう。すると、自然と家は細部に至るまで、妻の色に染まっていくものです。

新婚当初は夫婦共有の空間だったはずの家が、男にとってだんだんアウェーになってくる。仕事で疲れて帰ってきても、どこか違和感があって、心が休まらない。

家の中に心の休まる場所がなくなってしまっては、男性にとって家は「休養の場」ではなくなっていきます。

休まらないのですから、ドンドン外に出たくなります。

実は、子供部屋を作る際にも同じ問題が起こりがちです。

子どもが喜ぶだろうと思って親が勝手に作り込むと、子どもは居心地が悪くてなんだか落ち着かない。子供部屋には、子ども自身が自由に作ることのできる「余白」が必要なんです。

男も同じ。狭くても良いから、自分だけのワガママでいられる空間があれば、それでいいのです。

家を「休養地・安全地帯」として機能させる。夫が安らぐ空間づくりができている家庭は、夫婦円満になる確率がぐっと上がります。

二人のベストな距離感を探る

夫婦というのは、距離が近すぎるが故にぶつかるもの。しかし、遠すぎれば冷めてしまいます。

夫婦関係を良好に保つためには、「適切な心の距離感」が大切です。でも、心の距離は目に見えないし、直接どうこうできないですよね。**そんな時には、物理的な距離感を探るのが効果的です。**

物理的に距離を取るというのは、例えば会う回数を減らしたり、時間を短くしたりすること。回数を減らす代わりに食事の時間を延ばすなど、二人の距離や時間を少しずつ伸縮させながら、夫婦にとっての「ベストな距離」を探ることをオススメ

します。

ちなみに僕の場合は、食事はできる限り家族で一緒にします。そしてたまに僕が一人でホテルに宿泊します。

そうすることで妻のありがたさを再認識できると思うからです。


子どもの成長や仕事の変化、体調の変化など、夫婦関係には様々な変数が入り交じり、それによって日々変化していきます。年齢によっても、適切な距離は変化するでしょう。

その時その夫婦にとってのベストな距離を、柔軟な気持ちで探っていきたいものですね。

時には反対意見を述べる

夫婦関係を良好に保つためには、時として反対意見を述べることが大切です。

とかく日本では、「良い妻」というと何でも「はい」と従う女性をイメージする人が多く、日本人の妻にもまた、「そうでなければならない」「そうありたい」と思っている人が多く見受けられます。

でも、ちょっと考えてみてください。会社員の「イエスマン」は、どう評価されているでしょうか。常に上司のご機嫌伺いをして、自分の意見を持たない人物だと低く見られているのでは？　少なくとも肯定的なイメージではないですよね。

ところが不思議なもので、家庭では「妻」には「はい」と従ってほしいと考える夫がいれば、従っていたい妻もいるのです。

でもそれは、端的に言えば「都合のいい妻」にすぎません。男の僕が言うのもなんですが、「男」とは、すぐに図に乗り、勘違いしやすい生き物なんです。

普段の生活の中で「そうだよね」「はい」と素直に夫の言うことを聞くのは素晴らしいのですが、**イザとなったらバシッと強く、譲らない気持ちで反対意見を伝えるべきです。**

僕にも、バシッと言ってもらって良かったと思う出来事がありました。

かつて、僕はカフェがやりたいと思い立ち、「書道カフェ」を開きたいと妻に懇願しました。ところが何度お願いしても、妻はＹｅｓと言ってくれません。それでも駄々っ子のように僕が「なんでダメなの？」と聞くと、妻は言いました。

「毎月どれくらいの経費がかかって、どれだけの売上が見込めるの？　もっと具体的じゃないと、さすがに『はい』とは言えません」

……痛いところを突かれました。

ここでうまいなぁと思うのは、妻の言い方です。全面的に否定しているのではなく、できれば協力したいけれどリスクをしっかり把握してからと、**肯定的なもの言いの中に強い否定を入れている。**

もしも頭ごなしに反対されていたら、僕は余計にムキになって一人強行突破し、きっと事業は失敗し痛い目に遭っていたでしょう。それに、もしも事業がうまくいっていたとしても、何らかの影が生まれていた気がします。僕の経験上、ネガティブな気持ちを抱えたまま強引に進んでもうまくいくことはないからです。

ここぞという時には「Ｎｏ！」と言う。

心の片隅に置いておくと、いつか役に立つ時がくるかもしれません。

関心を持つと、相手は膨らんでいく

自分に子どもができると、この街に「子連れってこんなにいたっけ？」と思い、ベビーカーを買おうと思っていると、ベビーカーを押している人がやたらと目に入る。

そんな経験はありませんか。人は「関心」があるものを引き寄せ、そこに注目するもの。だから関心の対象が大きく膨らんで見えるんです。

同様に、あることに不満を持っている人は、その不満事象が膨らんで見える。引き寄せるから、どんどん膨らんで、問題が巨大化する。

これを夫婦関係で考えるとどうなるでしょうか。

夫に感謝している人は、どんどん夫の素晴らしい部分が膨らみ広がります。逆に不満を見つけやすい人は、不満を見つけては虫めがねで覗き込むから、不満がどんどん膨らんで、そのうち自分まで押しつぶされてしまいます。

どちらが良いか。言うまでもありませんよね。

夫婦間の無関心を乗り切る…つまり夫に関心を持つための具体的な方法がありま す。それは次の3つ。

・じっと見る
・じっと聞く
・一緒に新しい体験をする

じっと見ていると、あれ？　こんな顔をしていたっけ？　こういう癖があるんだ…など、新しい発見が必ずあります。それだけで、関心は膨らんでいきます。

次にじっと聞く。これも普段聞き逃していることの発見につながるのと同時に、相手もかなり嬉しいはず。新しい世界が広がっていきますよ。

そして、最後の一緒に新体験！　新しいことをするとドキドキ感、緊張しますよね。これを夫婦でやることによって、一体感・連帯感が生まれ、まるで出会った頃の気持ちがよみがえる。

以上、3つの方法、ぜひ試してみてください。

パートナーに関心を持つ（持たせる）3つの手法

セックスレスはオナラが原因!?

セックスレスの問題は、べつにセックスの回数が問題なわけではありません。最大の問題は、「タイミングのズレ」でしょう。

妻がセックスしたいと思った時に、夫はしたくない。夫がしたい時に、妻は寝ていた。

よく考えてみれば、当たり前ですよね。

例えば、妻は休日にショッピングに行きたい。夫は山登りがしたい、と。そんな欲求がズレた時に起こる問題と、まったく同じなんです。いつもいつも同じタイミングでセックスしたい！　となる夫婦は、ほとんどいないはずです（笑）。

また、女性はセックスに関して、「セックス＝自分への関心」と感じるから、セ

ックスレスの問題が、男性よりも大きく感じられるのだと思います。

男性側の正直な意見としては、やっぱり妻に恥じらいがなくなったら、性欲は落ちます。

オナラなんて目の前でされたら、そりゃげんなり（笑）。

夫婦と言えども、妻には女性らしくあってほしいと、男は思うものなんです。

あとは、前述の関心を膨らませる手法を使い、ドキドキ感を復活させてみてください！

親しき仲にも礼儀あり

助けてください！双雲さん

お悩み相談５
夫が仕事に対してやる気を失い…

Q

幼くして親を亡くした男性と夫婦になりました。どん底から這い上がって成功したという壮絶なエピソードや、彼の行動力に惹かれました。

少し前に、彼は業界でナンバーワンになるという数年来の目標を、ついに達成しました。

ところが数ヶ月もしないうちに、仕事に対するやる気がなくなってしまっています。彼の気持ちが分からずに、困っています。

――20代、主婦、子どもなし

A どん底から這い上がっての成功。そんな男性が、どうして目標を達成した途端にやる気を失ってしまったのでしょうか。

実はコレ、多くの人が陥る「思考の罠」が原因なんです。

成功さえすれば、お金さえあれば、何かを掴みさえすれば幸せが手に入るという思考は、裏を返せば「手に入っていない今は不幸」だと言っているようなものなのです。自分の中の満たされない何かを、目標を越えるための努力にすり替えている。

「結婚したら幸せになれる」と考える女性も同じです。裏返せばこれもやはり「結婚できていない今は不幸」ということになります。そして、いざ結婚してみても全然幸せじゃないじゃない!!　って失望する…。僕は、旦那さんが急にやる気を失った原因はもコレだと思います。

心の満たされない何かをすり替えただけの目標だから、達成すると途端に虚無感が襲ってくる。他人に勝って、俺スゴいだろ!　と思うのは達成した瞬間だけで、あとは目標に向かって努力していたこれまで以上に、満たされない気持ちでいっぱいになるのです。

では、なぜこのような思考の罠にハマってしまうのか。

それは「自分で自分を愛していないから」です。自己肯定感、自己愛が足りない。

旦那さんに必要なのは、「僕のことを大切に思ってくれる人がいる」と思うこと。そのためには奥さんが、大きな手のひらで旦那さんを転がしてください。

お釈迦様の手のひらを持ったつもりで、夫を「ひろーい心」で見る。「ワガママでいいよ」、と。

いつ落ちるか分からない小さなベッドで緊張しっぱなしだった夫が、「好きなだけ転がりなさい、どんなに転がっても飛び跳ねても安全な百畳敷きですよ」と言ってもらえる。夫からすれば「安心感」がまるっきり違います。

いつ蹴落とされるかピリピリしながら街を歩けば、辺り一面悪人だらけ。

でも、まったく同じ環境にいながら、「素敵な人に囲まれて幸せだ」と思っている人もいるんです。

要は「見方」の問題で、この世は最高だと思って見れば最高だし、最悪だと思えば最悪になる。

人間は多面なので、当然です。同じ人にも「良い面」と「悪い面」が共存しているから。神様でもない限り、その人のすべてを見ることなど不可能です。

逆に言えば、だからこそ「自分の見方一つで天国と地獄は決まる」のです。

どうか、お釈迦様の手のひらで旦那さんを転がしながら、未来に二人の幸せを見つけていってください。

第6章

うまくいく！
生活習慣

今日からできる、パートナー成功術

まずはじめに、今日からすぐにできる、夫婦関係を良好にするワザを紹介します。どれか一つでもいいのでさっそく実行してみてください。効果はきっとすぐ表れます！

①夜の寝かた、朝の迎えかた

夜寝る前に夫への不満を考えながら寝たらどうなるか。

夢の中でもイライラしっぱなしで、翌朝、夫の顔を見るだけでムカッとする気がしませんか？

では、想像してみてください。

嘘でも良いから、夫への日頃の感謝を数えながら眠ったらどうでしょう？

眠りの質が向上し、目覚めの気分がガラリと変わる気がしませんか？

それから、朝起きた時に「おはよう。よく眠れた？」など、おはように続くひと言を加える。それだけで気分はガラリと変わります。

そうです。たったひと言で朝は変わります。

朝が変われば人生が変わる。あなたのひと言で夫の朝の気分が良くなれば、仕事のやる気も変わるでしょう。ひいては年収も上がるかも!?

②年に一度の記念日より、毎日のありがとう

健康のための運動は、日々の積み重ねが大切。年に一度の激しい運動をすればいいというものではありません。

夫婦関係も同じ。日々のちょっとした積み重ねが大切です。結婚記念日に大枚は

たいて高級レストランでリッチなプレゼント、なんていうのも確かに素敵ですが、それよりも1日1度の「ありがとう」のちょっとした心配りのほうが、ずっと効果は大きいのです。

夫婦関係はダイエットにも似ています。無理なダイエットはリバウンドのもと。ダイエットは無理のない範囲で楽しく続けることがコツですよね。

夫婦関係を良くするコツも、「無理なく、楽しく」です。

中でも一番手軽で、無理なく続けられるのが、「ありがとう」を伝えること。

例えば、お風呂に入っている間にバスタオルや着替えを用意してくれたとか、「今日、美容院どうだった?」と聞いてくれたとか、そういう些細なことに、小さな声でもいいから「ありがとう」と言う。

それだけで、夫婦をつなぐ心のパイプは「ふわぁ〜」っと開いていくのです。

③他人に夫を自慢しよう

言葉は「言霊」と言います。自分で言ったことが、自分の想いを作るところがある。

「彼のおかげで、私も今、家事を頑張れているの」

なんて言えば、自分自身が夫の価値を再評価することにつながるんです。

その上、噂とは巡るもの。そのうちに旦那さんの耳にも届くかもしれません。

「あなたの奥さん、いつもあなたを褒めているわよ」

なんて周りから情報が入ってきたら、夫は嬉しいに決まっています。そして、あぁ、もっと良い夫でいたいと、心から思うはずです。

だから、反対に夫の悪口は他人に言わないようにしましょう。言うほどに、夫が悪く見えてくるからです。どうしても言いたくなった時の対処法は後ほど。

これだけで夫婦関係がぐっと良くなる！
今日からできる生活習慣

こまめに『ありがとう』♡

タオルの用意
ありがとう
ホカ
ホカ

夜寝るときに
夫への感謝を数えよう

1 いつも笑顔でありがとう
2 ゴミ出してくれてありがとう

他人に夫を自慢

彼のお陰で家事を頑張れているの

朝はあいさつに続くひと言を

おはよう
良く眠れた？

言葉の力を利用する

言葉は人の生き方を変える。そればかりか「世界をも変える力を持っている」と、僕は確信を持って言えます。

僕は書道家として「言葉」と向かい合うなかで、日々「言葉の力」に驚かされてきました。

人類がここまで発展したのは言葉の力があってこそでしょう。でも、それほど力が強いだけに、まさに「諸刃の剣」。言葉の選び方によっては、人生を破滅に向かわせる力も併せ持っています。

言葉とは、普段何となく意識せずに使っている人が多いもの。まさか普段自分が使っている言葉が自分自身の人生を大きく左右しているだなんて、考えもしない人

が多いことと思います。

日々の言葉の選択によって「自信をなくし、人を傷つけ、悪いものを引き寄せること」もできれば、「自信をつけ、人を癒し、元気にし、良いものを引き寄せる」こともできる。

言葉は人生を左右します。だからこそ、しっかりと「言葉の本質」について知り、生活をより良くすることに活かしたいものです。

難しく考える必要はありません。普段、自分が口にしている言葉をチェックして客観的に見てみるだけ。

やってみると、「なんでこんな言葉の選び方をしていたんだろう」とビックリされるのではないでしょうか。

そして次の点をしっかり押さえれば、言葉選びは格段に上手になります。

生活をより良くする言葉の共通点。それは、**「相手を幸せにしようとしている」言葉を選ぶこと。**

人生がひらける言葉への転換例

こっちは
なるべく減らして…
こっちに
かえていこう！

過去・責め型	未来・希望型
・だからダメなのよ ・何が悪かったんだろう	・もっとこうすればいいかもね ・うまくいくにはどうすればいいかな
ほしいほしい型	**させていただいている型**
・わかってほしい ・手伝ってほしい ・話を聞いてほしい	・家事をさせていただいている ・子育てさせていただいている ・あなたの妻をさせていただいている
せい型	**おかげ型**
・あなたのせいでつらい	・あなたがいるおかげで楽しい
この夫でいいや型	**この夫がいい！型**
・カレーでいいや ・このカーテンでいいや	・カレーがいいや ・このカーテンがいい
must型	**better型**
・ちゃんと子育てしなければ ・片付けるべき ・幸せにならなきゃ	・もう少し優しく言えたらいいね ・片づけたらもっと気持ちよくなるね ・より幸せになれたらいいね

自分本位な感情を言葉にのせてぶつけるのではなく、ちょっとだけ相手の気持ちを汲み取り、お互いがハッピーになるような言葉を選ぶ。

違うのは、ほんの小さな言葉の選び方だけ。たった1秒、「言葉の選択」を変えるための時間を取る。たったそれだけで、夫婦関係も、あなたの人生も、大きく開けてくるのです。

グチは3回まで

不思議なもので、同じグチを3度以上繰り返すと現実が悪化するという法則があります。グチは負のビジョンと同様なので、グチを繰り返すうちに現実が悪化してしまうのです。

ですから、**グチが口から出そうなときは1秒考えて、ポジティブな言葉に変換してみてください**。

といってもすぐには難しいと思いますので、最初は語尾に「～かも」を加えるところから始めると良いでしょう。

「あの人の○○、ホント、イヤかも」

「私、怒ってるかも」

グチを言う時、人はネガティブな情報に対してスゴい自信を持っているものです。だから、「かも」を加えることでその自信を揺るがしてみる。

すると、あれ？ と一瞬、脳が混乱します。

「私は怒ってるんだっけ？」と問うことになる。これは効果がありますよ。

それから、僕と乙武洋匡さんとの対談本のタイトルにもなった「だからこそできること」という言葉があります。

「会社が倒産したからできること」

「私はバカだからこそできること」

「だからこそできること」は、ネガティブなことをプラスに変えて受け入れる、魔法の言葉です。

グチの内容に「だからこそできること」を加えるだけで、脳は出来事をプラスに変える道を全力で探します。

そこにプラスして、グチが出そうになったら口角を5ミリ上げてみてください。面白いことに、口角をぐっと持ち上げた顔をすると、その顔で文句は言えないものです。感情が湧き出ることは変えられませんが、表情と行動は変えられるのです。

どうしてもグチを言いたい時は3回まで。あとは言葉の力を借りてプラスの出来事に変えてしまいましょう。

だからこそ
できること

口角を
あげると…
ニッコリ

感謝は先出しジャンケンで

僕が高校生の頃からずっとお付き合いをしているS夫婦。彼らはいつ見ても本当に仲が良く、ケンカしたこともなければ、互いに不満を持ったこともないそうです。その秘密を探ろうと二人を見ているうちに、僕はあることに気付きました。そのキーワードは**「感謝」**。

たまに僕たち夫婦と一緒に二家族で出かけることがあるのですが、S夫妻のすごいこと、すごいこと。互いに譲り合うわ、笑顔を交わし合うわ。それはもう、絵に描いたような「感謝カップル」なのです。

「感謝しなさい」

と言われて心から感謝できる人はいないと思います。では、「感謝」の心は作れないのかというと、そんなこともない。ちゃんと方法はあるのです。

それは、感謝フィルター越しに周囲を見渡すこと。僕はこれを**「感謝メガネに掛け替える」**と呼んでいます。

現代人は「不満メガネ」ばかり掛けています。ファミレスに入れば「店員の態度が悪い」「値段が高い」「おいしくない」「トイレが良くない」……。不満センサーがビンビンに働いているから、すぐに不満を察知してしまう。

でも、まったく同じ環境も、「感謝メガネ」を掛ければ１８０度違って見えます。

「こんな素晴らしいサービス」「なんて贅沢な料理」「お店を運営している陰の努力に感謝」という気持ちが湧いてくるのです。

「感謝メガネ」で見れば、朝起きて心臓が動いていることも、顔を洗える水が出ることも、食べ物があることも、お日様が照らしてくれることも、そして夫が一緒にいてくれることも、これ以上なくありがたいことに見えてくる。

感謝の心は、ただ待っているだけでは生まれにくいもの。だから意識的にメガネを掛け替えて、感謝の「先出しジャンケン」をしてみましょう。

感謝の先出しジャンケンをやっているS夫婦は、常に相手から「〜してもらっている（恵みをもらっている）」と思っているので、いつでも恩返しするチャンスを狙っているのです。夫婦間に感謝が行き交っていれば、「問題が問題にならない」んですね。

この「感謝メガネ」、素晴らしいことに「誰でもどこでも」掛けることができます。しかも思い立った時にすぐ。お金もいりません。

僕がそう言うと、よく「だって、夫は感謝メガネを掛けてくれなさそうだし」と言われます。

奥さんから受ける悩み相談には「夫が私に関心を持ってくれない」とか「感謝してくれない」などが多いのですが、じゃあ逆に奥さんは夫にどれだけ関心を持っていますか？ と聞くと、大抵「あら、そういえば、新婚当初に比べて私も夫に対する感謝を忘れてました」となる。

つまり、関心や感謝は相手に求めたところで何にもならないのです。

だから、もう一度言います。「先出しジャンケン」です。先に出します。何度も。

そうすると、出す側の感謝スイッチが入ります。それからじわじわと、相手にも感謝の力が届き、二人の間を行き交いはじめるのです。

焦りは禁物です。何年もかけてじっくり、夫婦の間に感謝のネットワークを築いていきましょう。

助けてください！ 双雲さん

お悩み相談6
義理の家族との折り合いが悪い中、夫が実家の肩を持つことが不満

Q 子どもの障害が分かったとたん、義理の家族との折り合いが悪くなりました。夫が実家の肩を持つことが不満です。障害児が生まれたことを自分一人のせいにされるのが辛いです。

——40代女性、教師、子ども2人（7歳、6歳）

A 障害の有無にかかわらず、「あんな子はうちの血じゃない」、というような発言は、昔から繰り返されてきたものだと思います。ちょっと騒ぐ頻度が多い、泣き虫、運動が苦手、勉強で点数が取れない子に対し、親戚なり父なりが、「あれはうちの家系じゃない」などとデリカシーに欠けたことを言う

のです。

残念ながら、自分の子どもに対して周りがとやかく言うのをやめさせる方法はありません。子どもの行動も、他人の発言も、あなたがコントロールできる範疇のものではないからです。

同じ発言でも、言われた時に自分の心が弱っていると、打ちのめされてしまいます。

だから、あなたにはどうか、甘えられる人に上手に甘えて、自分のワガママを保ってほしい。ヨガでも友人とランチでも何でも良いから、「まずは自分の幸せを確保すること」です。

人間は、自分が満たされていれば、他人からの見返りを求めなくなるし、攻撃もまともに喰らわなくなる。自分を幸せで充電満タンにしておけば、槍が飛んできても針くらいにしか感じなくなるのです。

良くないのは、自分を犠牲にすること。忍耐は闇を生みます。だから、自分に暗い大きな穴が広がることのないよう「したたかになる」。

あなたがしたたかに、ちゃんと自分の幸せを確保することは、結果的にあなたの周りの人たちをも幸福にします。母親が幸せに暮らしていることが、お子さんにとって大きな幸せだからです。

それともう一つ、「受け流しの技」を獲得するコツをお伝えしましょう。

例えばこんな感じ。

「この子はいつまでハイハイしてるのよ。もう歩く年じゃないの？」

発達のゆっくりな子全般に使われている言葉ですが、言っている本人はなんということのないつもりでも、育てているお母さんからするとショックだったりしますよね。

そういう時に、「また言ってるよ、ハイハイ」と受け流す。できるのかって？

できるんです。人間、流そうと思えばほとんどのものは流せます。ちょっぴり許容の受け皿を大きくするだけ。それにはイメージが大切です。

僕の場合は、座っている時に床と接している部分から、ブワーッと放出するイメージです。ネガティブな感情が体に入ってきたら、自分の蓋を開けて、地面と接している面から地球に向かって流す。体感してもらうのが一番なのですが、これで許せないものも許せるようになります。

他にも、ちいちゃく丸めて宇宙にポイする、ザバーッと蓋を開けて水を流すように、トイレで一緒にネガティブな感情を流すという方もいます。

昔から「お祓い」ってありますよね。玄関に入る前に手で体を祓って、清めてから入るとか。手を洗って浄化するってのもあります。ヨガのポーズを取るでも、瞑想するのでも形は何でも良いから、自分に合った行動を取ることで、体の中のネガティブなものを放出すればいいのです。

行動に移すだけで、心はだいぶ変わるんです。ネガティブな感情をうまく流せるようになると、また違う世界が見えてきます。

そうやって、流しつつ自分を愛することが、すべてを好循環に切り替えるコツなのです。慣れていくうちに、いつの間にか夫への不満も解消していると思いますよ。

第7章

二人でビジョンを描いてみよう

ビジョンのススメ

さて、この本の最終章であり、最大の山場、「ビジョン」について語る時がやってきました！

これはちょっと伝わりにくい話なのですが、「こうありたいという姿」が明確にイメージできれば、人生は思ったようになります。世の中には「引き寄せの法則」というものがあって、感情の整えかたを知り、ゴールを見ることができれば、どんな問題が降り掛かろうと適応できるのです。

僕を例に挙げると、以前、妻が子どもを感情的に叱っていたことがありました。それを見た僕は「イヤだな。もう少し別の叱りかたがあるだろう」と妻に対して否

●本書の購入動機は何ですか？(複数回答可)

1. 著者にひかれて　2. タイトルにひかれて　3. 装丁がよかったから

4. 広告・書評にひかれて　5. 人にすすめられて

6. その他（　　　　　　　　　　　　　　　）

●お読みになりたい著者、テーマ等を具体的におきかせください。

●最近買った雑誌や単行本を教えてください。

●本書についてのご意見・ご感想をお聞かせください。

ご意見・ご感想を広告などの推薦メッセージとして匿名で使用させていただいてもよろしいでしょうか？

□はい　□いいえ

ご協力ありがとうございました。

郵便はがき

112-8653

52円切手を
貼ってください

東京都文京区音羽 1-22-12

(株)宙(おおぞら)出版

パートナーにイラッとしたとき読む本係

フリガナ お名前	男 ・ 女	年齢 歳
〒 ご住所		
ご職業	未婚 ・ 既婚	
Eメールアドレス メールによる新刊案内をお送りいたします。ご希望されない場合は空欄のままで結構です。		

この度は本書をお買い上げいただきありがとうございました。是非アンケートにご協力ください。

お答えいただいた方の中から、抽選で5名様に特製図書カード500円分をプレゼントいたします。

(応募締切り2014年10月30日当日消印有効)
★お預かりした個人情報は、プレゼントの送付、弊社サービスに関する情報のお知らせに利用させていただく場合がございます。
事前のご了解なく他の目的では使用いたしません。★当選者の発表は、商品の発送をもってかえさせていただきます。

定的な感情を持ちました。

手元にはそんな時にこそ読んでほしい子育ての本があったのですが、感情的な状態で渡したところで、逆効果であることは明らかでした。

こんな時どうするか。

まず、僕が妻に対して感じた否定的な感情を消し（流し）ます。そしてワクワクする状態をイメージするのです。

具体的には、僕は妻と子どもの関係が良好になった状態をイメージしました。するとどうでしょう。引き寄せた、としか説明のしようがないのですが、妻が本屋でたまたま僕が奨めたいその本を手に取り、買ってきたのです。

ことがおさまり、後になって「僕も持っていたのに、もったいなかったね」と笑い話になりました。

要するに、**目の前の自分の感情を見るのではなく、どうありたいのかというビジョンを先に見るのです。最高の状態がイメージできれば、それは次々具現化していくのです。**嘘のようなホントの話。この方法を夫婦関係でも、使わない手はありません。

夫婦は違う意見を持って向き合うと袋小路に入っていきます。同じ目的を共有すると二人の仲は急に良くなるのです。

まずは共通のゴール（ビジョン）を見ようとすること。

次から具体的にビジョンの作り方を一緒にレッスンしていきましょう!!

ビジョン作りのコツ１
～ビジョンってどんなもの？

「ビジョン」と「目標」は違います。ビジョンとは言葉や数字には表しにくいもの。「夢を掴む！」とも、「達成する！」とも違う。

ビジョンはさらさらと流れていって、いつの間にかたどり着いてしまう「引き寄せ」のイメージです。

ビジョン（vision=視力、見えるもの、見通し）というくらいですから、映像なりその場の空気感がイメージできるように描きたいのです。

例えば理想の状態では、朝起きた時にどういう気持ちでパートナーに「おはよう」と言っているのか。その時の心の距離感はどんな感じなのか。朝ご飯を食べている時の時間の流れかた、言葉を交わしている時の感情はどんな感じなのか。

夫婦でお金の支払いをしている時の信頼感はどんなものか。お金のことで、パートナーにどんな尊敬を抱いているか。

パートナーが気弱になっている時に、自分はどういうサポートができているか。互いの親や親戚との最高な関係とはどういうことを指すのか。

……こういう細かい一つ一つの理想的な情景を、リアルに思い浮かべることができたらベストです。

パートナーと一緒に、白紙に「理想の夫婦生活」「10年後の夫婦生活」を書き出してみましょう。

思いついたことをどんどん書く。ポイントは**「二人で書き合う」**こと。そして**「相手が書いたことを否定しない」**ことです。とにかく出てきたものを、「それ面白いね」「へぇ、そんなこと考えてるんだ」なんて肯定しながら書き合う。

面白いですよ。目に見える形で二人の理想像が現れてくると、二人の共通点が見えてきたり、新しいアイディアが生まれてきたりするのです。

これをする夫婦としない夫婦では、10年後にものすごい差が出るでしょう。「ビジョンを描く」ことには夫婦のあり方、ひいては二人の人生を大きく変える力があるのです。

『理想の夫婦生活』
『10年後の夫婦生活』を
書き出してみよう
こんな家に住みたい
・小さいけど庭付き
・公園が近い
・緑の多い街
毎日『おはよう』って言い合える夫婦がいいな
おはよう
お互いに自立しているけど尊敬しあえる夫婦
お互いの考えてることがわかって面白いね！

ビジョン作りのコツ2
～制限を設けない

もう一つ、ビジョンを描くコツをお伝えします。それは**「制限を設けない」**ことです。

現実的な話から展開するだけではなく、一度現状から離れて、「ありえない夢」からアプローチすることも大切なのです。

なぜなら、どうしても現実をなぞってばかりでは、ビジョンが縮こまってしまうから。現実に縛られずに自由な未来を描くためにも、まず人から笑われるくらい大きな想像をして、そこから攻めていくことがオススメです。

小さいもの（現実）から大きく（夢）。大きなものから小さく。この両方からアプローチをするのです。

ビジョンを描いてみよう
子どもたちが自立して家から出ていったらどんな暮らしをする？
そうねえ～どんな習い事しようかなって
書道家という仕事とどう関わっている？
一週間のタイムスケジュールは？
どんなライフスタイル？
じゃあ
わく
もしもお金が無限にあったら何をする？
無限！
え～っと　えーっとね…
無限!!宇宙旅行…
いやいや…うーん
ここは具体的な道具を出して
もしもボックスがあったら何に使う？
もーしーもーボックス～
ゆとりのある海外生活なんてどう？
どの国でどんな暮らしが理想かな？
そうね…オーストラリアの少し田舎で…
マンガのような感じで話は広がっていきます

ここで重要なのは、実際にオーストラリアに移住するかどうかは、実はどうでも良いということ。オーストラリアに移住する、という具体的な話題が生まれることで、「本当に自分たちに合っているベストな暮らしかた」が見えてくる。それが大事なのです。

自由な発想で話し合う目的は、そこにあります。あらゆる角度から話すことで、自分たちの「コアとなる欲求」「一番適した形」がじんわりと浮かび上がってくるのです。

枠外から発想する大切さ。伝わりましたでしょうか？

ビジョン作りのコツ3
～筋を作る

ビジョンには更新が必要です。時が経てばあらゆる環境は変わりますし、経験を重ねることで見えてくるものも違ってきます。親、子どもとの関係性も変わってきます。収入、健康面、住む場所だってずっと同じとは限りませんし、趣味嗜好だって変わります。

だから、ビジョン作りには終わりがない。**でも、夫婦のビジョンがどんどん変化していっても、その中に「筋」のようなものを通していけるのが理想だろうと思います。**

例えば、僕たち夫婦のビジョンの「筋」はこれです。

「毎日健康、ずっと仲良し」

家の壁にも筆で書いて貼ってあります。これだけは、どんなに環境が変わっても、変わらないビジョンです。

ところで僕は、以前から、カウンセリングした夫婦に「夫婦のビジョンを漢字一文字で表現してみましょう」と伝えてきました。ある例（ここではT夫妻と呼ばせていただきます）をここでご紹介します。

T夫妻の夫は「自由」を提案しました。しかし、妻が選んだ一文字は「絆」だったのです。それで、夫が僕に悩みを相談してきました。

「僕はお互いが自由に動き回っているのが理想だったのですが、妻はもっと距離の近い関係を求めていました。やはり、妻とは合わないのでしょうか？」

T夫さんは、妻の掲げた「絆」に、一瞬自由を奪われる！　と危機を感じたらしく、ネガティブな気持ちになっていました。

そこで僕は、「このズレをプラスに」とアドバイス。T夫さんはもう一度、妻に

「なぜ絆なのか」質問し、返ってくる言葉をしっかり聞き取りました。

すると、Ｔ妻は、夫を近い距離で縛りたいわけではなく、お互いの自由がありつつ信頼できる関係を求めていたのです

夫の求める「自由」と妻の求める「絆」は両立する。しかも、この二つが合わされば、とても素敵なビジョンになりますよね！

お互いが自由であるのに絆で結ばれている。なんて素敵な関係でしょう。まさに「自由」＋「絆」＝理想の関係。

夫婦のズレは、工夫次第でプラスになるものです。

実践アドバイス
～どこで・どんなふうに

話し合いのシチュエーション

ビジョン作りを実際にはじめようとしたけれど、どんな場所で、どんなふうに話を切り出せば良いのかが分からない、と言われることがあります。

確かに、いざビジョンを語り合おうとしても、慣れていないときっかけが掴みづらい、ということもあるかもしれません。

ビジョンを語るには、もちろん家の中でも良いのですが、できればちょっとオシャレなカフェやレストランなど、日常とは違う空間がオススメです。

二人の未来を語り合うのですから、語る場所にもちょっぴりこだわってみたいも

のです。

例えば僕ら夫婦は、ビジョンを語り合う場としても、「夜のドライブ」を活用しました。

子どもたちは後部座席で寝てくれますし、その間、夜景を眺めながらたっぷりと語り合えます。車内は適度に暗く話しやすい雰囲気ですし、ジャズなど感じの良い音楽を流せば、さらに話は盛り上がります。

また、最近は子どもが幼稚園や学校に行っている2時間を利用して、定期的にオシャレなカフェに語り合いに行くことを習慣にしています。

語り合うことに慣れていなかった頃はどこかぎこちなかったのですが、今では現状の問題点から

未来はこうしていたいよね、という話まで、スムーズにできるようになりました。

理想を考えるのが難しければ

今までビジョンなんて語り合ったこともないのにいきなり「理想を語り合おう」というのはちょっと無理！　という場合には、話のハードルを低くするのが良いと思います。

例えば「今、欲しいものってある？」というように具体的な「物」から入ったり、「10年後にはどういう生活をしてみたい？」というように、住む場所や囲まれたい家具について話すなど、してみてはいかがでしょうか。話しやすい具体的な「物」の話で盛り上がってきたところで、「こころ」の話題に移行できれば理想的ですね。

例えば、「もっとお互いに笑顔が増えるには、どうすれば良いかな」「楽しい！と思える夫婦になるには、何が足りないかな」など。

それでも話が盛り上がらないこともあるでしょう。そういう時は、ムリにビジョンを語ろうとせず、例えば「今、どんな不満がある？」というような、軽い不満や不安の話の中からスロースタートで始めるのもいいと思います。

ただし、気をつけたいのはネガティブな話のまま終わらないこと。

目的はお互いがより幸せになることですから、目的を見失わないよう、話の終わりは希望で締めたいものです。

ビジョンは終わりなき旅

二人で語り合う良さは、一人で考えるより遥かに素晴らしい未来を想像、ひいては創造できること。

女と男の価値観が違うからこそ、話し合うことで新しいビジョンが生まれます。

繰り返していくうちに、互いがすれ違っていることをマイナスではなく、新しい未来を生むためのプラスのエネルギーに変換できるようになるのです。

違う価値観を持つ者同士が話し合うことで、互いが互いを高め合える。そんな関係を目指すためにも、ビジョンを語り合う機会を作ることは大事なのだと思います。

「最高の情景」や「ベストな関係」「理想の状態」にゴールはありません。僕にと

って書道にゴールがないように、ビジョンも終わりなき旅なのです。

だからこそ、定期的にビジョンを描き、しかもバージョンアップをしていく必要があります。今の自分が描く理想と、成長した自分が描くビジョンは異なるからです。

ビジョンとは、終わりもなければ、正解もない。まったく同じカップルというものはありません。だからこそ、あなたたちだけは、オリジナルのビジョンを描いてほしい。

未来という真っ白なキャンバスに、二人で自由に描いてほしいのです。

助けてください！双雲さん

お悩み相談7
共働きなのに、夫が仕事で帰ってきてくれません

Q 共働きで、実家の母が子どもをお風呂に入れてくれています。私もやりくりして週2回は早く帰るようにしていますが、それが限界です。母の負担を考えると、せめて夫にも週に一度は子どものお風呂に間に合う時間に帰宅してほしいのですが、いくら訴えても帰ってきてくれません。夫は「仕事が終わらずに帰れない、そう言われるのが一番辛い」と言っています。そんなに遅くまで働いている夫の体調も心配です。

——30代女性、子ども2人（6歳、3歳）

A 男は数字に弱い生き物。だから、「せめて週に一度は」と数字で示しているのは良いと思います。逆に言うと、「もっと帰ってきて」とか「ずっと～」みたいな言い方は、男には効かない。

でも、僕はこの問題、表面的に片付けただけでは、そのうちまた別の不満が出てくるだろうと思います。

夫がムリをして週１回都合をつけて帰ってくるか、それとも妻が早く帰る日をさらに増やし自分で子どもをお風呂に入れるか。これでは、夫婦のどちらかが「我慢」して形を取り繕っているだけだからです。

これは、「お金持ちになれば幸せになれる」という発想と同じで、「夫が週１回早く帰宅すれば夫婦の問題は解決する」と聞こえます。夫が早く帰ってくることが、目的になってしまっている。本当の目的は何なのか、ちょっと確認する必要がありそうです。

まず、目的とビジョンを書き出してみましょう。

母を楽にしたい、子育てを充実させたい、自分のゆとりを持ちたい、夫が疲れすぎるという心配が消える、夫と母との関係が良好になる……。

こんな感じで、まずは思いつくままに書き出していってください。書き出せたら、そこから「私」だけを抜き出します。

「私の目的」と「皆の目的」を分けるのです。

これを整理すると、あなたはそもそも何がしたいのか、旦那さんとどういう夫婦になりたいのかが、見えてくるのではないかと思います。

目的とビジョンを確認したところで、問題の解決法を考えましょう。

夫は本当に、「帰らない」のではなく「帰れない」のかもしれません。現状では解決策が見いだせない。こんなときには「第三の道を探す」ことです。

諦めなければ道は必ず見つかります。

ちょっとこの話の例に合うか分かりませんが、ちょうど先週、僕の家では妻と子どもたちがもめていました。

ダイニングテーブルが古くガタガタしてきたので、妻は新しいものに取り替えたいと言いました。けれども息子と娘はこの机が好きで気に入っている、替えたくないと反対しました。

反対されたことで妻は「絶対に替える！」とムキになっていました。ダイニングテーブルは、日々家族が食事をとる場所。食事のたびにいちいちストレスを溜めながら食べるのは嫌だ、と言うのです。

話は平行線を辿りました。そこで両者の話を聞いた僕は、１つの提案をしました。

「(子どもたちに）この机を差し上げるというのはどうだろう？」

子どもたちは、「それならいい」ということになりました。

すぐに「新しいダイニングテーブルを買いに行こう」ということになり、皆で買いに行きました。今、古い机は子供部屋に移動し、ぬいぐるみ置き場兼おままごとをやる机になっています。

この話、当事者には家具を捨てるか捨てないかの2択しかありませんでした。そこに僕という第三者が加わったことで、第三の道が見つかったのです。

この例のように、夫婦二人で行き詰まった時は、共通の知人を入れて問題を机の上に上げるのがオススメです。

第三者を入れてゆっくり、リラックスしながら話すことで、いろいろなアイディアが出てくるものです。

中に入ると当事者には見えないことでも、他人には別の道が見えるのは、よくあること。加わる友人は、どんな人でもいいんです。きっと意外な抜け道がいっぱい出てくるのではないかと思います。

週末にみんなで健康ランドに行く、夜にお風呂に入れるのは諦めて、朝お風呂に入る。別の第三者に手伝ってもらう……。

そうして解決策を考えると、見えてくることがあります。目的は、夫が早く帰ってくることではなく、子ども、お母さん本人がラクになること。あなたの考えるビジョンに向かうこと。

そして、あなたは夫が疲れているのではないかと心配しているのですよね。

「本当はあなたが心配なの」

と、言葉で伝えられると良いですね。

あとがき

僕は、25歳の時に勤めていた会社から飛び出し、書道家として独立することを決意しました。

書道家として、壁にぶつかるたびに「一体僕の人生のゴールはどこだろう」と模索していく中、一つの答えとしてきたぼんやりとしたビジョンが「世界平和」でした。

僕は幼い頃、両親のケンカをよく止めていた記憶があります。

子どもながらに悲しかったのですが、それがきっかけで、人と人がもっと仲良くなるにはどうすればよいのかを真剣に考える子どもになっていきました（今、思えば両親は高校の同級生で、仲良すぎてケンカしていたことが分かるのですが、あの頃は、このケンカに愛があるのか、ないのか、なんてまったく分かりませんでした)。

学校では、体も声も大きく性格が明るいこともあって学級委員長などを任されることが多く、クラスのみんなが仲良くなるために、いろいろ考えていました。僕がやれる得意なことは、クラスを明るい雰囲気にすることでした。

そのまま大人になった僕は、どこでもその場を盛り上げるようなキャラクターになりました。就職しても、職場の雰囲気を盛り上げることに意識を向けました。

その中で、「武田君って、字がうまいんだ!」と褒めてもらえる機会が出てきて、「お客様のお名前を書いてほしいんだけど」などと注文が入るようになりました。喜んでもらえることが増えてきて、たまに、感謝のお手紙などを頂き涙が出るほど感動したのを覚えています。自分が母親から教えてもらって、大好きだった字を書くことが、こんなにも人の笑顔につながるなんて思いもしなかったからです。

そこで僕は独立を決意しました。この笑顔を世界中にひろげたい。世界中の笑顔が見たい。という夢が見えてきたからです。そこからもう一度原点に返り、書の修行を再開しました。そして独立して間もない頃、あの9・11が起こりました。

あの飛行機がビルにつっこむ映像を見ながら、全身の力が抜けました。「僕はなんてちっぽけなんだ」と何もできない自分に落ち込みました。でも落ち込む日が続いた中で、少しずつ一歩を踏み出す力が湧いてきました。落ち込んでいてもしょうがない、やれること、小さなことから一つ一つやっていくしかないと。それから、夜の路上で書をやるストリート書道や書道教室で数人の生徒さんたちと触れ合ううちに、ハッと気づいたことがあったのです。

それは、「この小さな一つ一つが積み重なった時、とてつもない力になるんだ」ということ。

それからもう一度「世界平和」という夢が浮上してきました。

そして、世界平和の最小単位は、「家族」だと気づきました。

世界中の家族が平和になること。夫婦が平和であること。まずはこの小さなコミユニティを一つ一つ平和にしていくことが大切なんだと、確信したのです。

そこから僕の夫婦研究がはじまりました。どのようにしたら、違う個性を持った人間が、仲良くなれるのか、高め合えるのか、最初はすべてが大きな壁に見えました。不満ばかりが集まるからです。こんなに不満を持つのなら、そもそも結婚しなければいいのに。とさえ思うようになりました。結婚に対する不信感が生まれたのです。

しかしそれでも、しつこく好奇心を持って夫婦研究をしながら、書道家として様々な活動をしているうちに、じわじわと希望の光が見えはじめました。不満から見えてくる解決方法。個性が違う二人だからこそできることがあるんだと確信に変わっていったのです。


この感動を伝えたいと思っていた時に、宙出版の宮坂さんから一通のお手紙がきました。「双雲先生の夫婦本を一緒に作りたい」という情熱のこもったものでした。

それから3年間かけ、この本ができあがりました。難しい話や理論は一切入れず、誰でも分かりやすいように、そして伝わりやすいように心がけながら進めました。
かわいいイラストを描いてくださった成瀬瞳さんにも感謝です。
そしてもちろんこの本を出すことを了承してくれた僕の妻、玲子にも感謝です。
これからも高め合っていこうね。

この本を読んで共感してくださった方は、ぜひ腹の底に落ちるまで読み返したり、行動に移したりしていただきたく思います。
あぁ、本当に変われるんだ。書道やスポーツと同じで練習していけばどんな人でも良くなっていけるんだという実感と希望を持っていただけたら、こんなに嬉しいことはありません。

2014年3月 湘南海岸134号沿いのカフェより心を込めて。

武田双雲

高め愛
双雲

武田双雲 たけだ そううん●1975年、熊本県生まれ。東京理科大学理工学部卒業。3歳より書家である母・武田双葉に師事し、書の道を歩む。大学卒業後、NTT入社。約3年間の勤務を経て書道家として独立。音楽家、彫刻家などさまざまなアーティストとのコラボレーション、斬新な個展など、独自の創作活動で注目を集める。映画「春の雪」、「北の零年」、NHK大河ドラマ「天地人」をはじめ、世界遺産「平泉」、スーパーコンピュータ「京」、「美空ひばり」など、数多くの題字、ロゴを手がける。 また、フジロックフェスティバルや、ロシア、スイス、ベルギー、ベトナム、インドネシアなど、世界中から依頼を受け、パフォーマンス書道、書道ワークショップを行っている。2013年には、文化庁より文化交流使の指名を受け、日本大使館主催の文化事業などに参加し、海外に向けて、日本文化の発信を続けている。また、東京メトロ地下鉄副都心線、明治神宮前駅にパブリックアートとして「希望」の作品を提供。様々な企業や個人から依頼を受け、ビジョンを書で揮毫している。オリジナルの書道講義が話題を呼び、日テレ「世界一受けたい授業」など様々なメディアに出演。講演会やイベント、セミナーなどへの出演も多数。 書道教室「ふたばの森」主宰。約300名の門下生に指導を行っている。著書は20を超える。
公式ブログ［書の力］ http://ameblo.jp/souun

みるみる幸せになる男女の法則 パートナーにイラッとしたとき読む本

著者 **武田双雲**

2014年4月18日 初版第1刷発行

発行人 **北脇信夫**

発行所 **株式会社 宙《おおぞら》出版**
〒112-8653 東京都文京区音羽一丁目22番12号
代表 03-6861-3910 販売 03-6861-3930 資材製作 03-6861-3912

製版所 **株式会社 オノ・エーワン**

印刷所 **株式会社 東京印書館**

製本所 **株式会社 若林製本工場**

編集協力 **上村雅代**

ISBN978-4-7767-9631-2